MARTIN BECKER

WARTEN
AUF
KAFKA

MARTIN BECKER

WARTEN AUF KAFKA

Eine literarische Seelenkunde Tschechiens

Luchterhand

Inhalt

ERSTES BIER

Prager Vorwort

Schön, dass Sie den Weg gleich gefunden haben! Ich weiß, der Laden sieht nicht so einladend aus, aber das täuscht, das täuscht. Das ist eine ordentliche tschechische Kneipe, und abends ist hier sogar richtig was los.

Sie sind wirklich alle wegen der Seelenkunde da? Das ist ja schön. Doch, da sind Sie hier richtig. Nein, der Stammtisch der Altstadtfreunde sollte im Raum nebenan stattfinden.

Also, Klischee hin oder her: Wenn wir über tschechische Bücher und die tschechische Seele reden wollen, dann müssen wir zusammen in der Kneipe sitzen. Das Kneipengespräch ist hier nämlich so etwas wie Poesie, aus dem Katzenjammer danach wird nüchterne Alltagsprosa geschmiedet. Damit sind wir schon mittendrin, aber kommen Sie erst einmal in Ruhe an!

Setzen Sie sich zu uns, bestellen Sie sich ein erstes Bier. Natürlich ein großes, was denn sonst? Mögen Sie nicht? Dann nehmen Sie einfach ein alkoholfreies. Da fällt mir eine tolle Geschichte ein: Ein tschechischer Freund von mir hat aus Solidarität einen ganzen Abend über nur alkoholfreie Biere bestellt, weil ein Kumpel von ihm Trinkverbot vom Arzt hatte. Am Ende hatte jeder von denen drei Liter alkoholfreies Bier intus – und sie fühlten sich besoffener als von echtem Pilsener, auch der Kater am nächsten

Tag war schrecklicher als jemals zuvor. Aber ich schweife ab. Vielleicht hätte ich zu meiner Seelenkunde doch nicht in die Kneipe einladen sollen? Hier kommt man meistens zu nichts. Oder immer gleich zum großen Ganzen, aber davon reden wir später.

Wo waren wir? Ach ja: Die tschechischen Bücher und die tschechischen Geschichten. Die begleiten mich schon lange.

Ich war noch kein einziges Mal in Prag gewesen, da hatte mir Milan Kundera schon längst seine Melancholie eingeimpft.

Später dann, wenn es allzu melancholisch wurde, hat der Sound des tschechischen Underground mich vom Weltschmerz befreit, Autorinnen und Autoren, die vom gesellschaftlichen Keller aus gegen das Regime anschrieben und dafür sogar ins Gefängnis gingen.

Aber von alledem sprechen wir noch lang und breit, jetzt lassen Sie uns zuerst anstoßen. Prost! Na zdraví! Gute Reise!

Eine Seelenkunde Tschechiens also. Klar spielt die größtenteils in der Kneipe. Hat auch schon der berühmte Bohumil Hrabal geschrieben: Er setze der Wirklichkeit die Hefepilze der Fantasie zu. Und das schäumt, verstehen Sie?

Wenn wir das eine Weile gemacht haben, dann gehen wir raus in die Welt. Zum Beispiel nach Kersko, in die Waldsiedlung in der Nähe von Prag, wo dieser Hrabal mit unzählbar vielen Katzen hauste. Oder wir fahren an die Berounka, wo die Fische sich heute noch die Geschichten von Ota Pavel erzählen.

Später schauen wir uns einen Fünfhundertkronenschein an – und wissen bald, was der mit zwanzig Mark, einer Großmutter und Aschenbrödel zu tun hat.

Da fällt mir ein: Haben Sie eigentlich schon gegessen? Wenn ich Ihnen was raten soll: Nehmen Sie für den kleinen Appetit den eingelegten Hermelín und dazu einige Ertrunkene, falls Sie Fleisch mögen. Oder doch lieber das Gulasch oder den frittierten Käse für den großen Hunger? Der ist hier in der Kneipe übrigens hausgemacht, angeblich hat der Großonkel der Schwester der Wirtin das Geheimrezept für die Tartarensoße im Böhmischen Paradies entdeckt, und zwar an einem Sommertag des Jahres 1966, als er gerade dabei war, ein Gedicht zu schreiben über die ...

Oh, ich bin schon wieder nicht bei der Sache, soll ich Ihnen vielleicht einfach irgendwas zu essen bestellen?

Schnitzel mit Pommes, echt? Na gut, dann eben Schnitzel mit Pommes.

Übrigens, ich will auch in die Prager Altstadt mit Ihnen. Die lassen wir uns von Lenka Reinerová zeigen, der letzten auf Deutsch schreibenden Autorin Prags, die 2008 verstorben ist, deren Geschichten uns aber immer noch durch die Melantrichgasse und andere Straßen führen, deren verwunschene Magie heute ersetzt worden ist durch touristische Taschenspielertricksereien. Aber auch Entzauberungen können verzaubernd sein. Zumindest in unserer schäumenden Fantasie. Vorausgesetzt, es ist genug Hefe im Spiel.

Wollen Sie lieber nur Nachtisch? Die Palatschinken sind meistens eine sichere Bank. Sogar der Kaffee ist mittlerweile ganz passabel, wenn der Wirt einen guten Tag hat.

Manchmal können Sie in der Kneipe ja sogar Kräutertee bestellen, und zwar sogar nach Mitternacht, das müssen Sie sich mal vorstellen!

Mitternacht ist ein gutes Stichwort: Neben den Tagesausflügen in die tschechische Literatur will ich Ihnen von den seltsamen Geschichten erzählen, die mir hier passiert sind. Die gehören zu meiner Seelenkunde nämlich unbedingt dazu. Oft spielen sie nachts. Denn nachts gerät man, wenn man nur eine Sekunde nicht aufpasst, in einen fürchterlichen Sog. Und dann vergisst man Zeit und Raum.

Was ich Ihnen von Prag und dem Rest des Landes erzählen will, das sind Geschichten vom Ankommen und vom Abschied.

Vom Bleiben, obwohl man es nicht mehr erträgt.

Vom Gehen, obwohl man lieber bleiben möchte.

Von unwahrscheinlichen Begegnungen und vom Humor und vom Zauber und von der Melancholie, die ich nirgendwo sonst so gefunden habe wie in diesem Prag, wie in diesem Tschechien.

Was man hier erlebt, das ist manchmal so absurd wie in einem Theaterstück von Václav Havel. Oder vertrackt wie in einer Erzählung von Franz Kafka.

Sie finden, ich übertreibe? Dabei habe ich noch gar nicht angefangen. Außerdem: Die Geschichten stimmen vielleicht nicht immer alle hundertprozentig, aber wenn Sie die absolute Wahrheit hören wollen, dann hätten wir uns nicht in der Kneipe treffen dürfen.

Bevor ich richtig ins Schwafeln komme, werde ich Ihnen erzählen, wie das alles angefangen und wer mir das mit der Seelenkunde eigentlich eingebrockt hat. Ich habe es mir nämlich nicht ausgesucht, die »Organisation« hat mich ja quasi dazu genötigt, diese ganzen Geschichten zu erleben. Welche »Organisation«? Tja, wenn ich das wüsste! Aber darüber reden wir wirklich lieber später.

Sie müssen übrigens nichts tun und noch nicht mal Eintritt bezahlen für das, was ich Ihnen die nächsten Stunden erzählen werde. Das Bier geht natürlich aufs Haus! Ich lehne mich mal aus dem Fenster: Wenn es gut läuft, dann werden Sie am Ende nicht nur angetrunken sein, sondern am Schluss meiner Seelenkunde auch das Herz an dieses wunderliche, wundersame Prag und Tschechien verloren haben. Das geht nämlich tatsächlich ganz schnell und exzellent.

Ach, Sie haben ja auch schon ausgetrunken! Zum Glück ist noch Nachmittag. Trotzdem schon bereit fürs zweite Bier?

Ganz klein, ganz groß?

Eine Annäherung an das tschechische Erzählen

»Herzlich willkommen im Land der Geschichten.« Seit einigen Jahren begrüßt die offizielle tschechische Tourismusagentur Besucherinnen und Besucher mit einer einfachen Botschaft: »Czech Republic – Land of Stories.« Normalerweise würde man einen solch lieblosen Spruch den Verantwortlichen aus der Werbebranche um die Ohren hauen. Man würde dem Geld nachtrauern, das für diese schlichte Botschaft aus dem Fenster geworfen wurde, Geld, mit dem man so viel Besseres hätte anstellen können. Ich weiß, ich weiß, Geschichten sind schön und gut, Geschichten gehen immer – aber welches Land hat denn keine zu bieten, egal, ob gute oder schlechte oder langweilige? Würde man als Staat nicht viel eher auffallen, wenn man sich als »Land ohne Geschichten« bezeichnete? Land der Geschichten, und das in der Konkurrenz mit den größeren und großen Nachbarländern, von denen manche sogar über ein Meer verfügen und somit, entschuldigt, liebe Nachbarn, über ein stark erweitertes Erzählpotenzial? Ist das wirklich euer Ernst? Ja, ihr meint es ernst. Bierernst sogar. Das »Land der Geschichten« ist nämlich durch und durch ein Land der Geschichten. Mit Leib und Seele. Ganz und gar. Das hat mich immer schon an Tschechien fasziniert: dass man gar nicht viel tun muss, um in den Sog des Erzählens zu geraten, um in diesem Prag und in diesem Land andauernd Geschichten erzählt zu bekommen, Geschichten zu erleben oder sogar selbst Geschichten zu schreiben, grotesk, originell, absurd, unglaublich – und nicht selten alles zugleich.

Mich hat das sogenannte »Land der Geschichten« schon als kleines Kind beschäftigt, vollkommen unbewusst natürlich, aber doch sehr früh. Mal auf gute, mal auf weniger gute Weise. Letztlich haben diese frühzeitigen Begegnungen mit der tschechischen Kultur meinen Blick auf das Land von Anfang an geprägt: In den Achtzigern sah ich Serien und Filme aus der Tschechoslowakei im Westfernsehen – natürlich »Drei Haselnüsse für Aschenbrödel«, selbstverständlich ebenso die Geschichten von Herrn Tau, der kraft seiner Fantasie und auf geradezu magische Weise schrumpfen konnte, wenn es ihm gefiel. »Pan Tau« war, obwohl mir der freundliche Herr in seinem makellosen Anzug durch seine Stummheit mitunter unheimlich war, eine Figur wie aus dem Paradies.

Direkt aus der Hölle hingegen kam für mich an einem Nachmittag vor dem Fernseher – ich war damals im Vorschulalter – die böse Frau Not, für mich die persönliche Gegenspielerin des guten Herrn Tau. Das filmische Puppenspiel »Paní Bída«, gedreht im Jahr 1983, hat mir damals tatsächlich ein veritables Trauma zugefügt. Das kreide ich natürlich eher meiner anfälligen Konstitution als der exzellenten Arbeit der Regisseurin Vlasta Pospíšilová an – oder anders, vielleicht hat mir dieser tschechoslowakische Alptraum in Puppenspielform deshalb jahrelange Angstzustände beschert, weil er so präzise ist in der Darstellung der Grausamkeit. »Frau Not« ist eine Geschichte, die ganz der Gesetzmäßigkeit sozialistischer Erziehung zu gehorchen scheint: Die Not kommt als alte Frau mit Kopftuch zur arglosen Familie eines Handwerkers, nachdem der König ihr keinen Einlass gewährt hatte. Sie lässt Mäuse aus ihren Schuhen, zerstört das Haus der Familie und wirft einen Galgen als Erinnerung in die Verwüstung hinein. Überall, wo sie auftaucht, hinterlässt sie Elend, Panik und Schrecken. Sogar den dicken, faulen und raffgierigen König treibt sie in den Tod. Aber gegen die Not, liebe Kinder, so die Moral des Films in den letzten Szenen der für ein Kind sehr langen Viertelstunde, ist ein Kraut gewachsen. Man muss nur fleißig sein. Als Frau Not nämlich zur Handwerksfamilie zurückkehrt und das gerade wieder hergerichtete Haus erneut ruinieren möchte, da werden ihr Werkzeuge gereicht – doch gegen Arbeit ist die Not allergisch, versagt auf ganzer Linie und rennt davon. Die Grausamkeit der Not hatte ich noch erfassen können – die Wendung hin zum Guten hingegen ging an mir vorbei, ich war so erschrocken, dass ich jahrelang mit niemandem über die Begegnung mit Frau Not sprach. Die Intensität dieser tschechoslowakischen Geschichte aus einem nicht real existierenden Land der Märchen wurde fast ein Jahrzehnt später abgelöst von einem anderen, noch intensiveren Horror aus Prag, zumindest wurde uns das in der Schule so beigebracht. Nach den ersten Kurzprosatexten war ich hin und weg. In dieser Form war mir das noch nie passiert: dass Literatur heftig auf mich einschlug wie eine Axt auf ein gefrorenes Meer. So etwas wie Kafka hatte ich noch nie erlebt – und es sollte in dieser extremen Ausprägung auch nicht mehr passieren. So entstand nicht nur der Wunsch, selbst Autor zu werden (tatsächlich war es Kafka, der das auslöste, aber bei wem war es Kafka nicht?), zugleich begann ich, mir über dieses offenkundig seltsame Prag Gedanken zu machen. Weil die übliche westdeutsche Klassenfahrt nach Prag nicht vorgesehen war, imaginierte ich ein goldenes Bild der Goldenen Stadt: verwunschene Gassen und noch verwunschenere Gässchen, emsige Menschen in Kleidung aus der Zeit um die Jahrhundertwende, überall Kutschen und natürlich Kafkaesken. Na gut, dass es Bierstuben in Prag gibt und Kneipen, das bekam ich mit, aber es sollte wiederum fast ein Jahrzehnt vergehen, bis ich das erste Mal in einer solchen Kneipe saß – und ich neben dem Horror mit sozialistischem Antlitz und der gigantisch komischen Alptraumwelt der Samsas und Roßmanns noch weitere wesentliche Spielarten des tschechischen Erzählens kennenlernte.

Die Kneipe war und ist für ein tiefergehendes Verständnis ein wunderbarer Initiationsort: Dort spielen nicht nur auffällig viele Kurzgeschichten und Bücher, dort kann man sie auch hören, die unglaubwürdigsten Erlebnisse, die einem selbst Freunde gern mit erhobenen Fingern schwörend erzählen – und deren Wahrheitsgehalt dennoch von Bier zu Bier immer stärker angezweifelt werden kann.

Am Rande: Natürlich stellt man im Laufe der Jahre häufig fest, dass ausgerechnet die kuriosesten Räuberpistolen wirklich stimmen, dass das, was sich der Typ da beim Bier zusammenfabuliert, einer Wahrheit entspricht, die jede Fiktion um Längen schlägt.

Die Kneipe als Refugium, die Kneipe als Ort, an dem im Laufe der Jahrhunderte ohne Angst vor Repressionen Tschechisch gesprochen werden konnte, die Kneipe als erstes Wohnzimmer, weil die eigene Wohnung viel zu klein ist: In der Tat ist das ein tschechischer Topos, der die Kultur des Landes nach wie vor prägt – ein Mythos, an dem selbst strenge Rauchverbote, Warnungen vor übermäßigem Alkoholkonsum und eine strenge Registrierkassenpflicht für jedes einzelne Bier in den letzten Jahren nicht rütteln konnten. Untrennbar damit verknüpft ist der Alltag, aus dem heraus typisch tschechische Geschichten entstehen und auch die sind eben nicht einer engen Idee von Realismus verhaftet: Die Fantasie ist durchaus frei, und die Kraft der Ausschmückung hat ein niemals zu unterschätzendes Potenzial. Sogar dem ganz alltäglichen Kulturjournalismus liegt eine spezifische Art zugrunde, die Welt zu sehen. Warmherzig und mit Witz und mit einem geschärften Bewusstsein für skurrile Details. Selbstverständlich mit einem steten Hang zur Melancholie, selbstverständlich mit einem überragenden Sinn fürs Komische, der in Mitteleuropa seinesgleichen sucht. So verschieden und so hart und so schlimm die Themen auch mitunter sein mögen, die verhandelt werden – Humor ist geradezu Voraussetzung für eine in Tschechien gebraute Erzählung. Die originellste Geschichte hätte allerdings keine Chance, sich durchzusetzen – wenn da nicht ebenso originelle Figuren wären. Diese fröhlichen und verrückten Scharen von Außenseitern und Getriebenen, diese unüberschaubare Zahl an kleinen und großen Verlierern, die ihrer Existenz dennoch ein Stück Würde abgewinnen können und die mit einer enormen Zuneigung beschrieben sind. So sind sie, die typisch tschechischen Helden, die Bahnwärter und die Soldaten, die Klinikärzte und die Papierpresser, die Zoowärter und die Schläger, die immer mit viel Pech auf der falschen Seite gestanden haben: von der Geschichte überrollt, im eigenen Leben komplett verloren, aber trotzdem noch da, aber trotzdem noch längst nicht bereit, für immer zu schweigen. Sich selbst nicht allzu ernst nehmend, den Lauf der Welt sowieso nicht. Was soll man auch tun, außer einen Witz aus dem Elend zu zimmern, das uns umgibt?

Das alles sagt etwas aus über das tschechische Selbstbild: Immer wieder ist das kleine Land im Laufe der Jahrhunderte fremdbestimmt gewesen, immer wieder gab es schmerzliche Niederlagen zu verkraften, immer wieder wurde die Leidensfähigkeit des Volkes hart auf die Probe gestellt – sei es in jüngerer Geschichte durch die brutale Herrschaft der Nationalsozialisten, sei es danach durch die düstere Zeit des Kommunismus, in der das Aufkeimen von Freiheit und Selbstbewusstsein bei der Niederschlagung des Prager Frühlings 1968 von russischen Panzern erdrückt wurde. Die tschechischen Bücher, die mich fasziniert haben, sind direkt oder indirekt mit diesen historischen Umwälzungen verbunden – die Geschichte hat Geschichten geschrieben.

Diese Grundpfeiler des tschechischen Erzählens – und somit auch der tschechischen Literatur – reichen weit bis in die Praxis des zeitgenössischen Schreibens hinein. Schaut man sich eine möglichst repräsentative Auswahl tschechischer Gegenwartsliteratur an, fallen schon auf den ersten Blick gemeinsame Themen auf: Fast alle Texte spielten irgendwann in der Dorfkneipe oder in einer Prager Bar, fast aus jeder Geschichte schaute melancholisch eine Außenseiterfigur heraus und wartete oder wartete nicht mehr auf bessere Zeiten, fast überall waltete zwischen den Zeilen diese spezielle Verschrobenheit, die allerspätestens mit dem Auftauchen des braven Soldaten Schwejk Einzug gehalten hat in das Schreiben in Böhmen und Mähren. Bei aller Folklore, bei aller Komik, bei aller Bierseligkeit: Man sollte die tschechische Literatur keinesfalls unterschätzen oder nur eindimensional betrachten, man sollte sie nicht abtun als provinzielle Weltbeschreibung, eingeklemmt irgendwo in der mitteleuropäischen Kulturgeschichte zwischen den großen und mächtigen Spielern. Der Schwejk hat weltliterarischen Rang, ebenso werden die erbafelten Geschichten eines Bohumil Hrabal international beachtet – erst kürzlich setzte eine Gruppe enthusiastischer Filmemacherinnen und Filmemacher in den USA seinen Text »Allzu laute Einsamkeit« als aufwändig gedrehtes Puppenspiel um. Übrigens nur eine weitere Verfilmung eines Werks von Hrabal, die weit über die Grenzen Tschechiens hinaus große Beachtung fand: »Liebe nach Fahrplan« wurde 1968 mit dem Oscar für den besten ausländischen Film ausgezeichnet.

Die tschechische Literatur als Weltliteratur? Kleines Land, große Geschichten?

Milan Kundera, neben Bohumil Hrabal einer der prominentesten tschechischen Schriftsteller internationalen Rangs (obgleich das Verhältnis zu seinem Heimatland als äußerst schwierig und komplex gilt und er sich selbst mittlerweile nicht mehr als tschechischer Autor empfindet), hat sich in einem Text aus dem Jahr 1991 mit diesen Fragen beschäftigt. So schreibt Kundera in seinem Vorwort zur Anthologie »Die Prager Moderne«: »Ein kleines Volk erlebt seine Existenz als ewiges ›Sein oder Nichtsein‹, als Vabanquespiel, während für die großen Völker die eigene Existenz eine Selbstverständlichkeit ist.«[1] Das hat natürlich Konsequenzen: Der Horizont des eigenen Landes kann nicht den großen Kontext ersetzen, das hindert die kleineren Literaturen daran, sich als wesentlicher

Teil der Weltliteratur zu begreifen. In Russland sei es möglich, die gesamte literarische Bildung theoretisch nur aus russischer Literatur zu ziehen, in Frankreich entsprechend nur aus der französischen Literatur – das wäre in einem kleinen Land wie Tschechien schwierig. Oft gebe es deshalb zwar das Gefühl der unbedingten Wertschätzung von Weltliteratur – zugleich sei das aber auch weit weg, »etwas, das sich woanders befinde, hinterm Horizont, hinter den Grenzen des Landes«.[2] Dennoch erstrahlt die Literatur kleiner Länder wie Tschechien erst im globalen Kontext, wirkt sie in diesem übergeordneten Gefüge gerade nicht provinziell.

Milan Kundera greift wiederum auf Bohumil Hrabal als Beispiel zurück – und findet einen Bruder im Geiste, eine Verwandtschaft, die man so nicht unbedingt vermuten würde, wenn man an Hrabals überbordende böhmische Kneipengrotesken denkt. Einerseits gäbe es niemanden in Böhmen, der so und genau so schreiben würde wie Hrabal: auf sein Heimatland bezogen also einmalig.

Wohl aber existieren, sagt Kundera, Verbindungen in andere (kleine) Weltliteraturen – beispielsweise bis auf die Karibikinsel Martinique, wo der Schriftsteller Patrick Chamoiseau geboren wurde. Kundera muss bei dessen Romanen ständig an seinen Landsmann Hrabal denken, eine karibisch-tschechische Analogie, wenn man so will: »Die gleiche von allen Fesseln befreite Fantasie, von der die Surrealisten geträumt haben, eine ebensolche Verwurzelung im plebejischen Leben der einfachen Menschen.«[3]

Milan Kundera selbst stellte für mich übrigens den Zugang zur auf Tschechisch verfassten Literatur dar: mein erster Kontakt zur tschechischen Art, von vertrackten Geschichten und aussichtslosen Zwischenmenschlichkeiten zu erzählen. Wahrscheinlich hat Kunderas »Die unerträgliche Leichtigkeit des Seins«, 1984 im französischen Exil des Autors veröffentlicht und erst 2008 offiziell erstmals in Tschechien publiziert, ganze Generationen von jungen Menschen wie mich dazu bewegt, an einem winterlichen Tag nach Prag zu reisen. Ohne jedes Vorwissen, aber mit den Bildern der tragikomischen Kundera'schen Liebeskummerromantik im Kopf.

Während ich mich in Kundera wie von selbst verloren habe, brauchte ich bei Hrabal, das gebe ich zu, viele Anläufe, um überhaupt einen Fuß in die Tür dieses Universums zu bekommen, das so bescheiden und mitunter läppisch daherkommt und den leichten Plauderton nahezu perfekt simuliert. Natürlich gibt es die vermeintlich rührseligen Kneipenszenen, natürlich gibt es den vermeintlich launigen wie launischen Schriftsteller im Selbstinterview, natürlich, und das tat ich am Anfang, konnte man dem Irrglauben erliegen, es handele sich bei Hrabals Schreiben um eine folkloristische Art, die vorgeblich kunterbunte böhmische Existenz zu verstehen. Doch geht es Hrabal immer um mehr. Geht er aufs Ganze, setzt man bei manchen seiner Bücher zum dritten Mal an, wo man vorher spätestens auf Seite zwanzig gescheitert war – um plötzlich zu bemerken, dass dieser Ausflug in das Land der Geschichten modern und aufregend ist, dass sich das Geschehen der ganzen Menschheit durchaus im regennassen Kopfsteinpflaster des kleinen Örtchens Nymburk spiegeln kann, wo Hrabal aufgewachsen ist.

Mein Glück war auch, dass ich neben Kundera und Hrabal nach meinem ersten Besuch in Prag schnell Autorinnen und

Autoren traf, die direkt greifbar und ansprechbar waren, deren Bücher den aktuellen Diskurs der tschechischen Literaturszene prägten: Der Autor Jaroslav Rudiš wurde rasch ein Freund, und die Gedichte von Petr Borkovec zum Beispiel begleiteten mich über Monate hinweg, obwohl ich mit Poesie nicht selten meine liebe Not habe. Doch der Dichter aus der kleinen Gemeinde Černošice an der Prager Stadtgrenze hatte mich schon nach wenigen Zeilen gewonnen: weil seine Gedichte sich so unprätentiös, ja, geradezu bescheiden zeigen, weil sie Geschichten erzählten, schmerzlich und wehmütig oft und noch häufiger sehnsüchtig – weil man diese Gedichte wieder und wieder lesen konnte, weil sie dieses typisch Tschechische hatten, einen unwiderstehlichen Sog eben. »Feldarbeit« hieß der Band, den ich eine Zeit lang immer bei mir trug, erdige Poesie, die den Alltag in den Blick nimmt.

Im Laufe der Zeit gesellten sich mehr und mehr Autorinnen und Autoren hinzu, mit deren Werken ich mich in meinem Kapitel über die Gegenwart noch ausführlich beschäftigen werde, aber mit Kafka und Kundera und Hrabal und Rudiš brach für mich das Eis, hatte die tschechische Art des Schreibens etwas in mir angestoßen, wusste ich, dass mich diese kleine, große Literatur in den folgenden Jahren intensiv beschäftigen würde.

Um nochmals auf den Anfang meiner Überlegungen zurückzukommen: Zweifelsohne *ist* Tschechien ein Land der Geschichten. Weil das Erzählen um Kopf und Kragen so wichtig, so besonders und so einmalig ist, ist es die Literatur des Landes gerade auch. Berührt es meine Seele wieder und wieder und ist wegen seiner häufigen Lebensnähe geradezu prädestiniert dazu, im Zentrum einer *Seelenkunde* zu stehen. Natürlich werde ich keine lückenlose Literaturgeschichte Tschechiens liefern können. Das ist auch gar nicht mein Ziel. Ich nehme Lücken bewusst in Kauf, um eine subjektive Auswahl an Autorinnen und Autoren zu treffen, an Romanen und Stücken und Geschichten und Begegnungen, die mich bewegt haben.

Verbunden mit der Einladung, mit dieser literarischen Seelenkunde in der Hand die Bücher des Landes zu entdecken. Und damit die Geschichten und damit die Menschen und damit eine warmherzige Art, das Leben so zu nehmen, wie es ist – und ihm in jeder noch so aussichtslosen Lage am Ende doch zumindest ein kurzes Lächeln abzupressen.

ZWEITES BIER

Ankommen mit unbestimmtem Auftrag

So, das ging schnell, wir machen weiter – haben Sie alle Ihr zweites Getränk? Gut, dann setze ich fort: Liebe beginnt manchmal mit einem plötzlichen Türklingeln am Morgen und endet mit dem Geräusch einer sich schließenden Kneipentür. Dieser Satz eines verlassenen Liebenden fällt am Ende eines tschechischen Kinofilms, den ich vor Jahren gesehen und dessen Namen ich gleich wieder vergessen hatte. Ich musste oft an ihn denken, denn mit einem Läuten an meiner Tür fing ja auch diese Prager Verstrickung an, die mich bis heute zwangsläufig beschäftigt: Jemand musste mich empfohlen haben, denn ohne dass ich etwas Gutes getan hätte, wurde ich eines Morgens eingeladen. Einfach so.

Ich lag noch im Bett, als es klingelte. Der Postbote. Beim Aufstehen spürte ich ein unangenehmes und ungewohntes Ziehen in der Magengegend, ich hatte nicht zu viel getrunken, und für Hunger war es noch viel zu früh. Ich öffnete, der Postbote eilte die Stufen zu mir in den dritten Stock herauf und überreichte mir, völlig außer Atem, einen großformatigen Umschlag, der nicht in den Briefkasten passte. So riesige Sachen bestellen, und dann noch von so weit weg, grummelte er atemlos im Gehen. Theoretisch hätte mich so etwas wochenlang verärgert, praktisch aber sollte ich jenen Postboten lange nicht mehr wiedersehen, aber das wusste ich in diesem Moment noch nicht. Der Postbote hatte mir einen Umschlag aus der Tschechischen Republik überreicht, von Hand und sehr ordentlich beschriftet, allerdings ohne Absender. Als hätte ich geahnt, dass gerade ein Wunder geschieht, riss ich den Brief noch im Flur mit zitternden Fingern auf und – war irritiert: Ich fand ein kleineres (diesmal unbeschriftetes) Kuvert, schon beim Öffnen fielen mir einige Münzen entgegen: tschechische Kronen. Exakt abgezählt für die erste Straßenbahnfahrt in Prag. Außerdem ein Bündel Geld, ich zählte zehntausend Kronen in kleinen Scheinen – und ein Zugticket, gültig nur heute, dafür aber in sämtlichen Zügen.

Eine unangenehme Verwechslung, dachte ich, man muss das sofort aufklären, irgendwer wartet in genau diesem Moment auf genau diesen Brief und sitzt auf heißen Kohlen, fast wäre ich dem Postboten hinterhergehetzt, dann entdeckte ich meinen Namen auch in der Anrede des Begleitschreibens. Was war hier eigentlich los? Fangen so nicht besonders dröge Fernsehkrimis an? Durch einen banalen Fehler (Namensverwechslung, Verrutschen in der Zeile des Telefonbuchs) sieht man Dinge, die man nicht hätte sehen sollen, schon ist man Mitglied einer ehrenwerten Familie oder einer Vereinigung, kurz, man steckt mittendrin im Sumpf des Verbrechens, im nächsten Augenblick überlagert das Geräusch klickender Handschellen das eigene Jammern – und der schnappatmende Postbote zieht eine gehässige Grimasse und ruft im Weggehen: Sehen Sie, das haben Sie jetzt davon, man soll gar nicht erst so riesige Umschläge öffnen, erst recht nicht von so weit weg.

Bevor ich den Brief las, sah ich mich, von meinen Vorstellungen getrieben, wie ein gehetztes Tier um, nahm den großen Umschlag und den kleinen Umschlag, schloss leise die Wohnungstür hinter mir und drehte den Schlüssel zwei Mal. Man weiß ja nie. Woher kamen diese Fantasien? Mir war, als hätte ich sie mit dem Aufreißen dieses Umschlags befreit und müsse jetzt selbst sehen, was ich mit ihnen anstelle. »Wertester Herr B.«, so begann der Brief eines gewissen Herrn Cimrman, »ich sende Ihnen die allerherzlichsten und verbindlichsten Grüße von der wunderschönen Moldau.« Man sei auf Grundlage verschiedener Empfehlungen aus gesellschaftlichen, kulturellen und sogar politischen Kreisen auf mich aufmerksam geworden, mein Optimismus, meine Neugierde und mein unverwüstlicher Frohsinn prädestinierten mich für diese schwierige Aufgabe, von der niemand wisse, wie sie letztlich ausgehen werde, schließlich habe man dieses Experiment noch nie gewagt. Ich hielt kurz inne: Aufgabe? Experiment? Hatte ich mir mit dem Aufreißen des Umschlags nicht nur allerlei paranoide Visionen eingehandelt, sondern mich mit dem Berühren des Geldes auch stillschweigend einverstanden erklärt? War ich bereits das schneeweiße Prager Versuchskaninchen mit rot leuchtenden Augen, das nicht wusste, was ihm nun blühen würde?

Ich überflog den Rest: Dieser Cimrman war Vorsitzender der sogenannten »Organisation zur Pflege und Entwicklung der tschechischen Seele«. Ich war ausgesucht worden, für ein Jahr an einer sogenannten Seelenkunde zu arbeiten, für die ich lediglich einige ungefährliche Aufgaben bewältigen und im Rahmen dessen recherchieren und beobachten müsste. Und das bei komplett freier Zeiteinteilung. Niemand nehme es mir übel, wenn ich ablehnte, überhaupt, die »Organisation« übe aus Prinzip keinerlei Druck aus und wehre sich gegen alle Dogmen, ich solle es einfach als sehr tschechisches Angebot nehmen, wie es eben manchmal vom Himmel und uns vor die Füße fällt.

Rasch zog ich mein Telefon aus der Hosentasche und suchte im Netz nach dem, was ich in Zukunft nur noch als die »Organisation« bezeichnen würde. Das Ergebnis? Gar keins. Nichts. Man fand sie nicht. Weder Cimrman noch die Organisation, die sich mit Erforschung oder Pflege oder gar der Entwicklung tschechischer Seelen beschäftigt. Auch keine ähnliche Einrichtung existierte. Wer machte so etwas? War das ein sehr elaborierter und noch dazu kostspieliger Streich? Was sollte ich jetzt machen? Alles ignorieren? Das wäre zu schade gewesen um die Fahrkarte und das Geld. Die Sache einer entfernten Freundin oder einem Bekannten mit listigem Lächeln übergeben und fein raus sein? Nein, dafür war es mir zu wichtig. Zu wichtig? Was dachte ich denn da schon wieder? Nur wenige Minuten nach dem Auftauchen in meinem Leben hatte es die »Organisation« also schon mit ihren Schmeicheleien geschafft, dass ich diesen ganzen Wahnsinn als wichtige Sache ansah. Was hatte ich zu verlieren? Ich war in einer komfortablen Situation, ich war frei und konnte jederzeit abbrechen, ich hatte in den vergangenen Jahren in Prag immer wieder Erleuchtungen gehabt, seltsame und fast magische Zustände erlebt, im Grunde genommen war ich felsenfest davon überzeugt gewesen, dass ich irgendwann wirklich in dieser Stadt leben würde. Nur die Art und Weise überraschte mich dann doch. Ich fragte mich, wer dort geplaudert haben könnte, denn vielen Leuten hatte ich nicht davon erzählt.

Ich musste nichts ausfüllen, ich musste nichts bestätigen, ich musste nichts abklären, ich musste nur meinen Koffer packen und in den Zug steigen. Ich sollte für einige Tage in eine von der »Organisation« bezahlte Pension einkehren, da meine Wohnung (schrieben sie allen Ernstes, dass ich eine Wohnung bekommen würde?) noch in Vorbereitung sei, meine erste Aufgabe zur Erforschung der tschechischen Seele, teilte mir die »Organisation« direkt mit, war denkbar einfach: Ich sollte ankommen.

Frag nicht nach, das ist dein Lottogewinn, ging es mir plötzlich durch den Kopf, was wir Weg nennen, ist Zögern, am Abend wäre ich in Prag und in der Kneipe, und ich müsste keinen Handschlag dafür tun.

Ich warf die Kronenscheine hoch und jubelte, und plötzlich zog es wieder in der Magengegend, mir wurde vor lauter Glück ganz übel und schwarz vor Augen, und ich sackte in meinem Wohnungsflur zusammen. Das war die nächste Premiere, auch das war mir noch nie passiert.

Ins Bett legen, Bananen essen und Tee trinken, den Magen schonen, haben Sie das verstanden? Das kann ich nicht, sagte ich zum Doktor, einem Landarzt ganz alter Schule, der eigentlich erst dann wirklich alarmiert war, wenn die Lage geradezu aussichtslos schien. Ich hatte mich in seine Notfallsprechstunde geschleppt, jetzt sah er mich ausdruckslos an. Wenn Sie nicht lebensmüde sind, dann lassen Sie das sein, sagte der Arzt. Die »Organisation« wird mir Schwierigkeiten machen, sagte ich. Welche Organisation denn, in Gottes Namen? Ich schreibe Sie für eine Woche krank, das sollte auch Ihrer Organisation genügen. Und jetzt gehen Sie Bananen kaufen. Und danach ab ins Bett. Sie haben recht, Herr Doktor, sagte ich und wartete, bis der in die Jahre gekommene Nadeldrucker die Krankschreibung ausgespuckt hatte. Danke für Ihre klaren Worte. Dafür bin ich ja da, sagte der Doktor, läuten Sie die Nachtglocke, wenn es schlimmer wird. Haben Sie einen guten Tag.

Dobrý den, dámy a pánové. Guten Tag, meine Damen und Herren. Kurz hinter der Grenze hatte das Zugpersonal gewechselt, und ich hatte weder Bananen noch Tee zu mir genommen, was sollte mir schon passieren, ich brauchte keinen Landarzt, ich hatte die gesamte »Organisation« hinter mir. Allerdings hatte ich in meinem Leichtsinn eines nicht bedacht: Die »Organisation« konnte mich vielleicht mit Geld und Wohnraum und der Aussicht auf eine goldene Zeit unter goldenen Umständen in die goldene Stadt Prag locken, damit ich ihre Großzügigkeit meinerseits mit einer »Seelenkunde« vergoldete – meinen Magenschmerzen auf den Grund gehen konnte sie aber nicht. Als ich mich innerhalb weniger Augenblicke dazu entschieden hatte, Hals über Kopf nach Prag abzureisen, da hatte ich mir die Ankunft triumphal vorgestellt: in drei Kneipen gleichzeitig sitzen. Mehrere Biere auf einen Schlag trinken. Die Korken knallen lassen und mir neue Freunde machen. Dazu das ganze ungesunde Essen, das mich durch mein neues Prager Leben begleiten würde. So einen Abend in permanenter Hochstimmung hatte ich mir ausgerechnet, berauscht von diesem höchst legalen Aufputschmittel namens Prag, das ich ja von meinen bisherigen Besuchen schon kannte, ja, die Euphorie hätte mich viele Nächte hintereinander nicht schlafen lassen und zugleich um etliche Jahre verjüngt, Freunde wären auf der Straße an mir vorbeigelaufen, weil ich kaum wiederzuerkennen gewesen wäre, wahrscheinlich hätte ich im Überschwang sogar meinen Namen in eine tschechische Variante abgeändert, mir Haustiere angeschafft und alsbald geheiratet, natürlich hätte ich mein ganzes Geld innerhalb kürzester Zeit zum Fenster hinausgeworfen, aber ich hätte ja gewusst, dass ich mich auf die »Organisation« verlassen kann, ich wäre einfach auf dem Bett meiner Pension betrunken und beseelt eingeschlafen und hätte im Moment meines betrunkenen und beseelten Aufwachens am Morgen danach frische Kronenscheine unter meinem Kopfkissen vorgefunden, auf dem Tischchen vor mir hätte eine perfekt gebrühte Tasse Kaffee gestanden, daneben ein Tellerchen mit einem exquisiten Topfenteilchen zum Frühstück – ich hätte kaum einen Schluck getrunken, da hätte schon der ebenso fürsorgliche wie respektvolle Pensionsbetreiber Herr František diskret geklopft, seinen geschmackvoll frisierten Kopf vorsichtig zur Tür hereingesteckt – ein dezenter Geruch von Weichspüler wäre ins Zimmer gedrungen – und in seinem so umgarnenden Deutsch mit Prager Akzent gefragt: Einen wunderbaren guten Morgen, ist alles recht so, der Herr?

Geht es Ihnen nicht gut, der Herr? Brauchen Sie einen Stuhl? Setzen Sie sich, so setzen Sie sich doch! Ich klammerte mich an den Rezeptionstresen und konnte gerade noch meinen Ausweis vorlegen, aber dann ging nichts mehr. Herr František schob mir einen knarzenden Korbsessel unter, ich sank hinein und schloss die Augen. So einen Gast hatte er in seiner Pension noch nie gehabt: kaum angekommen und gleich der Ohnmacht nahe. Im Zug hatte mich schon große Schwäche heimgesucht, nicht mal bis zum Speisewagen war ich gelangt, und als der Zug endlich in den Prager Hauptbahnhof einfuhr, da brach mir kalter Schweiß aus. In der Metro riss ich mich mit letzter Kraft am Riemen, aber bei der Ankunft in der Pension gab es kein Halten mehr. Ich klappte zusammen. Das hat vielleicht das Zeug zu einer medizinischen Entdeckung, dachte ich in meinem Fieber: Parallel zum Paris-Syndrom werde ich als erstes Opfer des »Prag-Syndroms« in die Geschichte eingehen. Kurz vor und nach dem Betreten der sogenannten magischen Stadt kam es bei diesem Patienten zu einem bösen Zauber in Form von unmagischen Wahnvorstellungen kafkaesker Natur, begleitet von Magenverstimmungen mit Schwindel und Neigung zu Ohnmachtsanfällen, die sich schließlich … Sie brauchen einen Krankenwagen, hörte ich Herrn František panisch rufen, hier, trinken Sie einen Schluck Wasser! Dann wird alles etwas diffus: Der Krankenwagen kommt innerhalb kürzester Zeit, nein, er wird nicht von Pferden gezogen, das bilde ich mir ein, die Sanitäter scherzen mit mir auf Englisch, alles scheint nicht so schlimm zu sein, wir fahren geradezu gemütlich wie in einer Kutsche durch den anbrechenden Prager Abend, zwischendurch schüttelt es mich zwar, aber insgesamt finde ich das alles ganz und gar normal und stelle mir vor, dass das ein üblicher Empfang der »Organisation« ist, zu diesem Zeitpunkt weiß ich ja noch nichts vom real existierenden Fieber, das längst in bedenkliche Bereiche gestiegen ist. Ich bin wieder so vergnügt wie am Morgen, als ich durch das Klingeln aus unruhigen Träumen erwachte und mich in einen ungeheuren Prager verwandelt wiederfand.

Im Krankenhaus Bulovka untersuchte mich ein junger Arzt und nickte eifrig und geduldig, als ich ihm auf Englisch von der »Organisation« berichtete und von der Aufregung des Tages: Do you know the »Prague Syndrome«? Er lachte etwas nervös. Man gab mir ein Mittel zur Beruhigung, man beratschlagte sich kurz, man war dankbar, dass ich meinen Koffer mitgebracht hatte, der rasende Eifer hinsichtlich der Erkundung der tschechischen Seele wurde brutal ausgebremst, anstelle einer langen Nacht in der Kneipe würde mich eine kurze Betäubung im Operationssaal erwarten, anstatt meine Leber über Gebühr zu beschäftigen, würden andere Organe kurzzeitig strapaziert, man schob mich bereits über die Flure dieses alten Krankenhauses, und ich hatte mich schon an den Gedanken gewöhnt, dass die »Pension Bulovka« also meine erste Prager Bleibe werden würde, denn so gut die »Organisation« sich auch im Organisieren anstellte, so hilflos war sie angesichts meines sperrigen Gepäcks, das ich mit auf die Reise genommen hatte: eine banale Blinddarmentzündung.

Schon lag ich im Vorbereitungsraum, die Krankenschwester hielt mir stumm ein Formular hin, welches ich unterschrieb, jetzt bekam ich eine weitere Beruhigungsspritze, wenn ich das alles richtig verstand, natürlich verstand ich es richtig, man würde mich ja nicht einfach narkotisieren, Sprachbarriere hin oder her, man würde mir doch vorher mitteilen, wenn –

So einfach hatte man mir Zugang gewährt? Natürlich wusste ich gleich, wo ich war. Das war nicht nur das berüchtigte Schloss, das also musste der Hauptsitz der »Organisation« sein. Zwei Schlossdiener führten mich durch erstaunlich schmucklose Gänge, die mehr an ein Sanatorium oder an eine Versicherung erinnerten als an das berühmteste Schloss von ganz Prag. Überall rissen niedere und höhere Angestellte die Türen auf, mein Besuch sprach sich rasch herum, ich wurde überschwänglich begrüßt. Ich musste zahlreiche Hände schütteln, und wieder und wieder wurde mir ermutigend auf die Schulter geklopft, gestandene Schlossbeamte zückten ihre Telefone und machten stolz Fotos mit mir, ach, es war so wunderbar, alles hatte seinen Sinn. Kurz bekam ich Lampenfieber, als ich in eine Art Vortragssaal geführt wurde. Mehrere hundert junge Menschen, allesamt Anwärter auf Beamtenposten im Schloss, saßen in weißen Hemden und Blusen in den Sitzreihen, durch die ein Raunen und Murmeln und Kichern ging, als ich den Raum betrat. Schon klopften alle auf die Holztische vor sich und zückten synchron ihre Notizbücher, bis ich meinen Platz am Vortragspult erreicht hatte. Kurz zögerte ich, aber dann legte ich los. Ich redete über die tschechische Seele, als hätte ich mich mein Leben lang mit diesem Thema beschäftigt. Ich redete über Prag als kleine, große Millionenstadt, ich baute Scherze über den Golem ein, ich berichtete von den wahrsten Wahrheiten aus der Kneipe, und ich führte detailliert meine Überlegungen zur böhmisch-mährischen Melancholie aus. Das Publikum war ganz still geworden und hing an meinen Lippen, diese ganzen jungen Menschen wagten es kaum, bei meinen Scherzen zu lachen, sie kicherten nur verhalten. Zwei Dinge beunruhigten mich: dass ich einerseits zwar all diese Dinge wusste, mir aber beim Reden wie ein Hochstapler vorkam, weil ich sie gar nicht wissen konnte – und dass ich andererseits fließendes Tschechisch sprach. Ja, ich hielt meinen Vortrag hier im Schloss tatsächlich in der Landessprache – und das Beunruhigendste dabei war, dass ich sogar die Konsonantendichte und sämtliche Aussprachehindernisse ohne Schwierigkeiten meisterte. Zmrzlina, hörte ich mich am Schluss meines Vortrags mehrmals wie eine Beschwörung raunen, als sei das auf dem Schloss die gängige Abschiedsformel, zmrzlina, zmrzlina – das tschechische Wort für Eiscreme.

Applaus und Jubel brandeten auf, es zog mir ganz kurz in der Magengegend, als hätte jemand mich mit einer Schere geschnitten, doch damit konnte ich mich jetzt nicht weiter beschäftigen, denn offenbar war nun große Eile geboten: Während der Jubel der Schlossbeamtenanwärter in ein unwilliges Klatschen und Pfeifen überging, weil ich keine Zeit mehr hatte für Gespräche und dringliche Nachfragen, wurde ich links und rechts von den zwei Schlossdienern gepackt und aus dem Saal getragen. Ich wehrte mich nicht, was wusste ich schon über die Gepflogenheiten im Schloss? In einem großzügigen Büro stellte man mich wieder auf die Füße, ich eilte gleich zum Fenster hin: Dort unten war also Prag. Ich betrachtete erstaunt den Fernsehturm, als würde ich ihn zum ersten Mal sehen. Die schmalen, touristischen Gassen der Altstadt kamen mir von hier aus gesehen erstmals wunderschön vor, mit einem solchen Weitblick hatte ich das alles noch nie betrachtet. Wieder pikste mich etwas am Bauch, wie kleine Nadelstiche. Ich grüße Sie, hörte ich eine warme und freundliche Stimme hinter mir. Jemand bewegte sich langsam und sicheren Schrittes auf mich zu. Ich drehte mich um, der ältere Herr, den ich gleich als Juristen erkannte, schüttelte mir verbindlich die Hand, und gleich fiel mir sein goldenes Messingschild ins Auge, wie es sonst nur Hoteliers der gehobenen Herbergen tragen: Das also war Herr Cimrman, was tatsächlich nur bedeuten konnte, dass die »Organisation« im berühmten Schloss schaltete und waltete. Eine wunderbare Arbeit, sagte Cimrman und trat an das großzügige Fenster – und ich wusste nicht, ob er mich meinte oder die Stadt, die ihm zu Füßen lag. Eine ganz wunderbare Arbeit, sagte er. Sie haben unseren zukünftigen Beamten viel, viel Freude gemacht. Danke dafür. Ich wurde ganz stolz und schämte mich zugleich ein wenig. Danke, dass Sie mich gefragt haben. Aber warum eigentlich ausgerechnet mich? Vielleicht war es die falsche Frage, auf jeden Fall drehte sich Cimrman jetzt abrupt um, trat rasch an mich heran und begann ohne ersichtlichen Grund, mir sanfte Ohrfeigen zu geben. Was soll denn der Unsinn, protestierte ich gleich, aber die Ohrfeigen setzten sich fort. Hello, sagte Herr Cimrman jetzt, hello. Do you hear me?

Ich kam zu mir. Ein Krankenpfleger erklärte mir freundlich, dass die Operation gut verlaufen sei, und tatsächlich, ich fühlte gleich, dass es nicht nur meinem Magen wieder besser ging, auch das Fieber war verschwunden – und mit ihm diese ganzen Visionen der vergangenen Stunden. Was hatte ich mir da für einen Unfug zusammengesponnen? Es gab natürlich keine »Organisation«, es gab kein morgendliches Klingeln an der Haustür, und es gab keinen Auftrag zur Erforschung der tschechischen Seele. Ich musste fast lachen, als man mich benommen über die Flure des Bulovka schob – doch das war schmerzhaft, und ich unterdrückte den Impuls. Doch es war so lächerlich! Ich fühlte mich wie nach einem üblen Trip, als hätte Josef K. persönlich mir einige seiner Pillen ins Essen gemischt. In Wahrheit hatte ich mir mutmaßlich einfach vorgenommen, einige Tage und vielleicht Wochen in Prag zu verbringen. In Wahrheit hatte ich eine Wohnung gemietet, die ich nach meinem Krankenhausaufenthalt mit kleiner Verspätung beziehen würde. In Wahrheit war das alles bis auf meinen kurzzeitig kritischen Gesundheitszustand gar nicht so spektakulär, nur fing meine Prager Zeit eben nicht mit einem Flanieren über die Karlsbrücke an, sondern mit einem mehrere Zentimeter großen Schnitt in den Bauch, dessen Narbe mir für immer als Erinnerung an diese denkwürdige Reise bleiben würde.

In den nächsten Tagen schlief ich viel, diese Ankunft hatte mich enorm viel Kraft gekostet, ich bat die Schwestern und Pfleger, für mich Tschechisch zu sprechen, und tat so, als könnte ich ihnen folgen – und in unbeobachteten Momenten, da sagte ich dieses Wort vor mich hin, welches ich in meiner Narkosevision vom Schloss wieder und wieder gesagt hatte: zmrzlina, zmrzlina, zmrzlina. Was würde von diesem grotesken Anfang bleiben? Vermutlich, dass ich tatsächlich überall Eiscreme bestellen konnte.

Vermutlich auch, dass ich durch das Krankenhaus Bulovka, mit dem ich nun schicksalhaft verbunden war, in Zukunft ein besonderes Herz für die Stadtrandlagen haben würde. Vermutlich eine unverwüstliche Verbindung zu dieser Stadt, symbolisiert durch meine unverwüstliche Operationsnarbe. Dann wurde ich entlassen, man empfahl mir Bananen und Tee und Schonung, ich war bereit anzukommen, mit meiner Reisetasche, ohne Fieber. Etwas später als geplant zog ich also in meine Wohnung, ich hatte den Vermieter noch aus dem Krankenhaus über meine Verspätung informiert, ihm den Grund aber nicht genannt. Er nahm es gelassen hin – ein freundlicher und nervöser Mann, der mich bei der Schlüsselübergabe umtänzelte wie eine Heuschrecke; er erzählte mir aus freien Stücken, dass er einst für die Administration des tschechischen Präsidenten Václav Havel gearbeitet habe und heute seine Rente mit der Vermietung von Wohnungen aufbessere. Die Wohnung war so überschaubar wie bescheiden, genau das hatte ich mir erhofft: ein Zimmer mit Balkon im fünften Stock, eine Kochnische im Flur, ein Bad, dessen Fenster zu einem Lüftungsschacht ging und durch das den ganzen Tag der beruhigende Lärm des gesamten Hauses zu mir drang. Vom Balkon aus konnte man über weitläufige Innenhöfe schauen, ganze Straßenzüge waren so miteinander verbunden, auch das eine Beruhigung: diese unzählbar vielen Prager Leben hinter den unzählbar vielen Fenstern. Der Vermieter stand noch eine Weile unschlüssig herum, als wollte er mir etwas mitteilen – schließlich fragte er mich nur voller Zurückhaltung, ob es mir besser gehen würde. Aber ja, antwortete ich ihm, eine Routineangelegenheit, nicht mehr, nicht weniger. Da bin ich aber froh, sagte der Vermieter, der mich plötzlich verdächtig an Herrn František aus der Pension erinnerte, und verschwand ohne ein weiteres Wort rasch und diskret aus der Wohnung – ein nervöser Mensch, sagte ich mir, da gibt es nichts zu vermuten, freundlich ist er, und das ist das Wichtigste.

Obwohl ich bei Tee und Bananen bleiben sollte, siegte die Unvernunft, und ich kaufte mir in einem Supermarkt um die Ecke Käse und eine Dose Bier. Im Aufzug fiel mir plötzlich ein, was hier nicht stimmte: Weshalb hatte der Vermieter sich nach meiner Gesundheit erkundigt? Ich hatte ihm meinen Krankenhausaufenthalt schließlich verschwiegen, und nichts deutete darauf hin. Ich tat die Sache ab, es hatte sicher mit meiner Blässe um die Nase zu tun, wie sie Menschen nach Blinddarmoperationen noch einige Tage lang auszeichnet, machen wir die Angelegenheit nicht größer, als sie ist, ich war einfach noch ein wenig dünnhäutig. Gerade hatte ich mich beruhigt, gerade stellte ich mir einen Stuhl auf den Balkon und freute mich über meine karg eingerichtete Bleibe, gerade hatte ich mein Bier geöffnet und wollte mit mir selbst auf Prag trinken und auf die jetzt beginnende Zeit, gerade hatte ich das Wort »Seelenkunde« ganz und gar vergessen, da entdeckte ich eine handgeschriebene Karte auf dem kleinen Tischchen des Balkons: Die »Organisation« begrüßte mich recht herzlich in Prag – und wünschte mir ein nunmehr hoffentlich komplikationsloses Ankommen.

Fünfhundert Kronen.

Der unverwüstliche Wert der Božena Němcová

Sie war die Pionierin der modernen tschechischen Literatur, sie prägte ganze Generationen von Schriftstellerinnen und Schriftstellern, sie lebte ein Leben jenseits gesellschaftlicher Konventionen – und steckt bis heute in jedem tschechischen Portemonnaie. Božena Němcová ist auf dem Fünfhundertkronenschein abgebildet, ein vergänglicher Gebrauchsgegenstand, ein leicht verwüstliches Stück Papier. Doch das geistige Erbe der 1816 geborenen und 1862 gestorbenen Schriftstellerin ist unverwüstlich – durch sie ist die Literatur des Landes heute überhaupt, was sie ist. Ihre Zeitgenossin Annette von Droste-Hülshoff, ähnlich bedeutsam für die deutschsprachige Literatur, war etwas mehr als ein Jahrzehnt auf dem letzten Zwanzigmarkschein zu sehen. Eine bemerkenswerte Analogie.

Božena Němcová ist zu einem »Mythos und Symbol« geworden, wie Übersetzerin Susanna Roth in einer Nachbemerkung zu einem Němcová-Band schreibt – noch dazu lebte sie ihr Leben so selbstbestimmt wie möglich, allen Widrigkeiten und auch bitterer Not zum Trotz. Obwohl sie letztlich nicht viel Lebenszeit dafür zur Verfügung hatte, stellen ihre Prosa, ihre Briefe, ihre Märchen ein gewaltiges Werk dar, das in Tschechien zwar selbstverständlich zum Kanon gehört, aber in Deutschland noch wenig bekannt ist. Die Märchen kennt man vielleicht noch, allen voran Němcovás Bearbeitung von »Drei Haselnüsse für Aschenbrödel«, die das Märchen der Brüder Grimm aufgreift und verändert und ergänzt und vor allem auch durch die Verfilmung berühmt wurde. Doch gehen Němcovás Schaffen und ihre Wirkung weit über die von ihr vorgelegten Märchensammlungen hinaus, klingt schon ihre Lebensgeschichte wie ein Romanstoff mit tragischem Ausgang.

Božena Němcová wird 1820 als Tochter eines österreichischen Kutschers und eines tschechischen Dienstmädchens geboren. Sie wächst auf Schloss Ratibořice auf, wo ihre Mutter eine Anstellung als Wäscherin findet – ein Detail, das ihre spätere unabhängige Künstlerbiographie entscheidend prägen wird. Mit Unterstützung der Herzogin bekommt Němcová nämlich das, wonach sie sich schon ganz früh sehnt: Bildung. In einem Brief erinnert sie sich später an diesen Impuls: »In meiner Seele ist schon seit frühester Jugend das Streben nach Bildung eingepflanzt, das Verlangen nach etwas Höherem, Besserem, das ich in meiner Umgebung nicht gesehen habe.«[4] Auf Drängen ihrer Eltern heiratet sie mit siebzehn Jahren den älteren Finanzbeamten und tschechischen Patrioten Josef Němec, eine Vernunftehe, die in den folgenden Jahrzehnten immer wieder von schweren Krisen geschüttelt werden wird. Schreibt Němcová ihrem Mann später nämlich einerseits die vertrautesten und bemerkenswertesten Briefe, tritt er andererseits als brutaler und rücksichtsloser Typ in Erscheinung, der die Emanzipationsversuche der eigenen Frau auf bösartige Weise niedertrampelt – und zwar geradezu wortwörtlich. In einem Brief kurz vor ihrem Tod beschreibt die Schriftstellerin einem Vertrauten eine

Szene, die alles über diese Ehe erzählt: Ihr Mann kommt herein, als Němcová gerade dabei ist, ihre Märchen zu ordnen, »er wühlte auf dem Tisch herum, warf alles auf den Boden und begann, es zu zerreißen – aber da wurde ich furchtbar böse, ich entriß es ihm mit aller Kraft, und als er mich nicht loslassen wollte, habe ich ihm so fest in die Hand gebissen, daß Blut floß.« Immer wieder hadert Božena Němcová ganz offen mit ihrer Ehe, hat Liebesbeziehungen zu anderen Männern – und dennoch ist es ihr Mann, der sie in die intellektuellen Kreise Prags einführt. Sie ist Mitte zwanzig, als sie das erste Mal in die Metropole kommt – und findet gleich Anschluss in den Prager Schreibzirkeln.

Vier Kinder bringt Božena Němcová zur Welt, wobei ihr jüngster Sohn Hynek als Jugendlicher verstirbt. Schwer getroffen von diesem Schicksalsschlag beginnt die Autorin mit ihrer Arbeit an »Großmutter. Bilder aus dem ländlichen Leben« – dem Roman, der sie nach ihrem Tod auch über Tschechien hinaus berühmt machen wird, der heute bereits rund fünfhundert Mal neu aufgelegt worden ist. Das alles auf Tschechisch, obwohl Němcová ursprünglich Deutsch sprach, das alles als Autodidaktin, die – wie sonst für die Schreibenden ihrer Zeit vollkommen üblich – kein Gymnasium besuchen durfte, sondern die allein mit »Grundschule und einem Handarbeitskurs«, so beschreibt es der Komponist Julius Fučík, »zur Begründerin der ganzen modernen tschechischen Prosa«[5] wurde.

Ihr großer Ruhm, das ist die Tragödie, setzt erst unmittelbar nach ihrem Tod ein: Als sie 1862 nach schwerer Krankheit stirbt, da ist die Anteilnahme groß, da entsteht ein großer Trauerzug in Prag, da beweinen plötzlich viele Menschen ihren Tod, obwohl zuvor kaum jemand etwas wissen wollte von der emanzipierten Schriftstellerin, verlassen und arm in den letzten Jahren ihres Lebens. Die Vorbemerkung zu »Durch diese Nacht sehe ich keinen einzigen Stern. Drei Brief-Entwürfe« beschreibt die späten und verzweifelten Briefe von Božena Němcová als Zeugnisse, die ein Bild vermitteln »von der Art und Weise, wie sich die Gesellschaft des 19. Jahrhunderts an einer Frau rächte, die es gewagt hatte, ihr Leben frei und nach dem Vorbild der George Sand einzurichten, und damit scheitern mußte«.[6]

Němcovás literarischer Erfolg erklärt sich hingegen eben auch durch den zeitgeschichtlichen Hintergrund: Nach der im Jahr 1620 verlorenen Schlacht am Weißen Berg büßte das Tschechische immer mehr an Bedeutung ein, waren die deutsche Sprache und der Kaiser das Maß der Dinge. Die »nationale Wiedergeburt« sollte daran ab dem Ende des 18. Jahrhunderts nach und nach etwas ändern, ein neues tschechisches Selbstbewusstsein bildete sich Stück für Stück heraus. Die Schriftstellerin selbst war mit Feuereifer dabei: »Die nationale Idee ergriff ich mit ganzer Seele, ich glaubte, sie würde meine Sehnsucht stillen. Doch auch sie tat es nicht.«[7]

Božena Němcová empört sich, es geht ihr auch um gesellschaftliche Veränderung. So schreibt sie über das Leben der Menschen auf dem Land an Antonie Bohuslava Čelakovská im Jahr 1846: »Die Leute sprechen tschechisch, weil sie nicht deutsch können, aber von einer höheren Bildung wissen sie nicht das geringste. Und was soll ich von den Bauern sagen? In einem Dorf unterrichtet ein Maurer, in einem andern ein Schreiner, in einem dritten einer, der selbst nicht einmal richtig lesen kann, und wenn er will, daß die Kinder etwas schreiben, muß er sich den Text vorher aufschreiben lassen. Überlegen Sie selbst, wohin das führt!«[8]

Ihr Resümee fällt ernüchternd aus: »Die Leute spüren es, sie würden ja lernen, aber was sollen sie tun, wenn ihnen niemand einen Messias schickt?«[9] Auch die Armut ihrer tschechischen Landsleute bewegt die Schriftstellerin. Im Jahr 1848, als der Prager Pfingstaufstand der tschechischen Nationalisten gegen das Kaisertum scheitert, beklagt sie die Not der armen Bevölkerung, die so groß sei, »daß mancher verzärtelte Herrenhund das nicht fressen würde, was diese Armen essen müssen, und selbst von dieser Nahrung können sie nicht satt werden. Wieviel Geld wird verhurt, wieviel verspielt, für Putz und anderen Unsinn ausgegeben, und hier verhungern Menschen!«.[10]

Ihr größter Beitrag zur »nationalen Wiedergeburt« wird letztlich tatsächlich ihr »Großmutter«-Roman werden. Nicht nur, weil er das Tschechische wieder zu einer schriftlichen Sprache der Literatur macht und das Volk zum Lesen bringt, sondern auch, weil jene Sprache im Buch so intensiv, so erdig, so lebensnah ist.

Besonders im Vergleich zur Epoche davor. In der tschechischen Literatur zur Biedermeierzeit, so resümiert beispielsweise der Komponist Julius Fučík, finde man kein wirkliches Leben: »Nichts ist so klein, daß es nicht noch mehr verkleinert, nichts so dünn, daß es nicht noch weiter verdünnt und für den zarten Geist des Spießers genießbarer gemacht werden könnte.«[11]

Dabei erzählt die »Großmutter« gar keine besondere und aufsehenerregende Geschichte: Eine alte Frau kommt auf ein Schloss, um fortan dort zu leben und ihre Tochter, eine Bedienstete, zu unterstützen. Die Großmutter beobachtet, die Großmutter erzählt, die Großmutter beschreibt. Mehr ist es im Grunde nicht. Božena Němcová schöpft aus ihren Erinnerungen an ihr Aufwachsen, durchaus romantisch, verklärt, nostalgisch. Eine Kindheit auf dem Lande. Natürlich passieren auch Dramen, doch ist es die Kunst der unaufgeregten Beobachtung, durch die der Roman sich selbst aus heutiger Perspektive noch so anziehend wie modern liest. Dafür genügt Unspektakuläres, zum Beispiel die Beschreibung eines schwülen Arbeitstags auf den Feldern, über denen nach und nach ein schweres Gewitter aufzieht: »Die Sonne brannte, ein Wunder, daß unter ihrer sengenden Glut die Erde nicht barst. Die Menschen konnten kaum atmen, die Blumen welkten ab, die Vögel flogen niedrig über den Boden, die Tiere suchten Schatten. Schon am Morgen zeigten sich auf dem Himmel Wolken, anfangs nur klein, grau, weißlich; sie wuchsen im Laufe des Tags, es wurden immer mehr, sie ballten sich zusammen, stiegen höher, schoben sich gegeneinander und bildeten lange Streifen, die dunkler und dunkler wurden.«[12]

Einer der Fürsprecher der Prosa von Božena Němcová wurde übrigens auch erst nach seinem Tod richtig berühmt: Es war im Jahr 1920, als Franz Kafka an Milena Jesenská von der »Entschlossenheit, Leidenschaft, Lieblichkeit« bei Němcová schrieb, zugleich behauptete er, »im Tschechischen nur eine Sprachmusik, die der Božena Němcová« zu kennen.[13]

Angeblich geht Kafkas Zuneigung zum Werk der Schriftstellerin sogar noch weiter – die »Großmutter« soll als Inspirationsquelle für seinen Roman »Das Schloss« gedient haben. So hat Božena Němcová sich nicht nur selbst mit ihren Märchen, mit ihren Briefen, mit ihrer Prosa einen Platz in der Weltliteratur erschrieben, sondern auch die nachfolgenden Generationen beeinflusst.

Vielleicht würde der Landvermesser K. ohne Němcovás »Bilder aus dem ländlichen Leben« nicht erratisch im Dorf umherwandern, immer darauf hoffend oder fürchtend, dass sich die Tore zum berühmten Schloss doch noch irgendwann für ihn öffnen werden.

Ungeduldige Katzen.

Eine Reise zu Bohumil Hrabal

Das Tier lässt mich nicht aus den Augen. Es schleicht um mich herum, ein wenig hager ist es, aber natürlich bewegt es sich mit majestätischem Stolz durch den Bahnhof, als wäre das Tier sein alleiniger Besitzer, umgarnt es mich zugleich. Vielleicht will mir dieses Kätzchen folgen, um unauffällig in den Zug springen und ohne Fahrschein auf meinem Schoß mitreisen zu können. Die Fahrt beginnt am Masarykovo nádraží, dem Masaryk-Bahnhof also. Die touristischen Scharen laufen meist an ihm vorbei, er ist zwar zu Fuß vom Prager Hauptbahnhof in wenigen Minuten zu erreichen, nur hat man hier nichts verloren, wenn man in Prag bleiben möchte: Hier verkehren nur Inlandszüge. Ein archaischer und wunderschöner Bahnhof, tatsächlich der älteste Bahnhof Prags, den ein Stadtbezirksbürgermeister namens Bürgermeister mal in ein Einkaufszentrum umbauen lassen wollte, doch daraus wurde nichts. Das hätte Bohumil Hrabal vermutlich gefallen. Sowohl der Bürgermeister Bürgermeister als auch das Scheitern der Umbaupläne. Stattdessen fahren von hier heute Regionalbahnen ab, langsame und noch langsamere Züge, die an jeder Ecke halten und eine Ewigkeit brauchen, bis sie allein das Prager Stadtgebiet verlassen haben. Der altmodische Schalterraum liegt verschlafen da, als wäre die Zeit stehen geblieben. Nebenan in einem Laden werden Blumensträuße verkauft, außerdem wirbt der Florist für sein integriertes Internetcafé. In der Haupthalle geht es ähnlich gemächlich zu: Es ist ein später und warmer Morgen, die Pendler sind schon längst bei der Arbeit, es warten noch eine kleine Wandergruppe und eine große Schulklasse. Der Zug hat schon vor seiner Abfahrt zehn Minuten Verspätung, so ist das auf einer Reise, bei der von vornherein die Zeit wie angehalten scheint.

Ich fahre endlich nach Nymburk, wozu mir so viele Freunde schon längst geraten haben, ich besuche die Stadt, in der Bohumil Hrabal die wahrscheinlich wichtigsten Jahre seines Lebens verbrachte, die Stadt, die wegen des Schriftstellers und ihrer Brauerei berühmt geworden ist, genauer, der Schriftsteller hat die Brauerei berühmt gemacht. Die vielen verschiedenen Biersorten, Flaschen mit dem markanten Antlitz Hrabals darauf, verkaufen sich gut. Die erste Durchsage lässt nicht lang auf sich warten, der Zug fährt zwanzig Minuten später los, ich hole mir einen dünn gebrühten Kaffee und setze mich auf eine Bank. Die Katze streicht jetzt um meine Beine, ich habe nichts für dich, gar nichts, teile ich ihr mit, aber sie quittiert meine Abfuhr nur mit einem entrüsteten Maunzen. Als ich mich umschaue, entdecke ich noch mehr Reisende. Und stelle mir vor, sie hätten sich alle mehr zufällig hier versammelt, um von hier aus zu ihrem Platz in Bohumil Hrabals Geschichten und Büchern aufzubrechen: Da ist der Tätowierte mit dem großen Silberkreuz um den Hals, den ich lieber nicht direkt anschaue, da ist der Hinkende, an dem kaum noch was dran ist, der aber trotzdem die Tauben in aller Ruhe mit seinen mitgebrachten Brotkrumen füttert und ihnen leise Beschwörungen zuflüstert, da ist die vietnamesische Kleinfamilie, die ich aus ihrem Laden um die Ecke schon kenne, dort vorn ist der Bahnhofsvorsteher, der jetzt zu seiner Arbeit in einem kleinen Örtchen bei Nymburk reist, der vielleicht nur für einen Tag und eine Nacht seine Schwester in Prag besucht hat, daneben sitzt ein ewiger Handelsreisender mit Spielzeug im Koffer, und der Altpapierpacker ist eingenickt auf seiner Bank und vollführt seine Altpapierpackbewegungen im Schlaf, und der blinde Ziehharmonikaspieler hockt auf dem Koffer seines Instruments und zündet sich seine filterlose Zigarette an.

Viele meiner tschechischen Freundinnen und Freunde haben diese Pilgerreise schon unternommen, das macht man so, das ist keine außergewöhnliche Sache, das zeigt, welche Bedeutung Bohumil Hrabal hat. Die Hrabal-Verehrung geht weit, sehr weit: Vor einigen Jahren erschien ein aufwändig gestalteter Bildband in Tschechien, der sich mit Leben und Werk des Schriftstellers beschäftigte – Fotos aus allen Lebensepochen, Hrabal als junger Mann mit Anzug und Hut vor der Brauerei, Hrabal mit seinem Onkel, Bierflaschen in der Hand, Hrabal, dessen Freund Vladimír Boudník, ein Künstler, ihm gerade zwei Totenmasken angefertigt hat, Hrabal mit Zigarette in der Hand im »Goldenen Tiger«, Hrabal im Krankenhaus, Hrabal als alter Mann mit grimmigem Blick, Hrabal, der melancholisch aus dem Fenster der Straßenbahn schaut, Hrabal mit Freunden, Hrabal mit François Mitterand, Hrabal im Kreise seiner Katzen: Obwohl der Band verhältnismäßig schwer und verhältnismäßig teuer war, suchte ich ihn vor Weihnachten in mehreren Prager Buchläden vergeblich. Hrabal war ausverkauft.

So gern ich ja gleich auf der Stelle nach Nymburk losfahren würde, wir reden hier immerhin von einer kleinen Entfernung von knapp sechzig Kilometern, der Zug kommt noch längst nicht an. Vom Hauptbahnhof aus würde ein Schnellzug nach Nymburk fahren, der sogar Hrabals Namen trägt – er verbindet die beiden wichtigsten Stationen des Autors miteinander. In Prag hatte Hrabal eine besonders innige Beziehung zum Arbeiterstadtteil Libeň, er ist für das Leben dieses hart arbeitenden Schriftstellers und hart schriftstellernden Arbeiters, der die Katzen noch mehr liebte als die Menschen, von ebenso zentraler Bedeutung wie sein Aufwachsen in Nymburk – und wie das Häuschen in der Waldsiedlung Kersko, wo er im Grunde die letzten Jahrzehnte seines Lebens verbrachte.

Geboren wurde Hrabal aber im mährischen Brünn im Jahr 1914 – als uneheliches Kind seiner Mutter. Sein Adoptivvater wird 1920 Mitarbeiter und später auch Direktor der Brauerei im kleinen mittelböhmischen Städtchen Nymburk. Als Kind lernt der kleine Bohumil sie alle kennen: die Brauereiarbeiter und den verschrobenen Onkel, die Malocher und die Verrückten und die noch Verrückteren. Noch dazu nimmt sein Adoptivvater ihn mit auf Tour, wenn er im Auftrag der Brauerei Kneipe für Kneipe abklappert – der Junge schnappt alles auf, was er hört. Das Gerede der Trinker, das später zum wertvollsten Rohstoff seiner Prosa werden wird. So wichtig ihm die Schule des Lebens auch ist: Er schleppt sich zwar mehr schlecht als recht durch die Schulzeit, schafft aber doch sein Abitur. Ab 1935 studiert er an der Juristischen Fakultät der Prager Karls-Universität und veröffentlicht kurze Zeit später sogar erste kleine Arbeiten in der Regionalzeitung – und lebt weiterhin mit seiner Familie auf dem Brauereigelände. Sein

Studium muss er 1939 unterbrechen, als die Nationalsozialisten die tschechischen Hochschulen schließen. Damals sieht er zu, so notiert es Monika Zgustová in ihrem biographischen Band über Hrabal, »wie Soldaten der SS seine Kommilitonen aus dem Fakultätsgebäude jagten und seine Freunde unter Gewehrkolbenschlägen in Militärlastwagen mit grünen Planen springen mußten«.[14] Seiner Trägheit und Unpünktlichkeit habe er es zu verdanken gehabt, dass er nicht zu den Abgeführten gehörte. Weil er sein Jurastudium ruhen lassen muss, verdingt er sich als Eisenbahner, wird zuerst Trassenarbeiter, später sogar Fahrdienstleiter auf zwei verschiedenen Bahnhöfen. Nach dem Krieg promoviert Hrabal dann aber doch in Jura – vielleicht nur, um von seinen Freunden später durchaus scherzhaft mit »Doktor« angeredet zu werden. Den Beruf selbst übt er nicht aus: Er wird Versicherungsagent, Handelsvertreter, Arbeiter in den Stahlwerken von Kladno, Altpapierpacker und Kulissenschieber – bis er ab 1962 tatsächlich nur noch freier Schriftsteller ist. Er wird bekannt und noch bekannter, die Verfilmung eines seiner Werke gewinnt den Oscar, seine Bücher sind immer innerhalb kürzester Zeit vergriffen, die Menschen stehen stundenlang an, um ein Buch von ihm signiert zu bekommen – und allen Rückschlägen und Depressionen und Panikattacken und Problemen zum Trotz, die seinen Aufstieg als Autor begleiten: Als Hrabal am 3. Februar 1997 bei einem Sturz aus dem Fenster des Krankenhauses Bulovka stirbt, da ist er neben Václav Havel der vielleicht berühmteste zeitgenössische Schriftsteller seines Heimatlandes. Über fast alles, was in dieser Kurzfassung seines wechselvollen Lebens vorkommt, hat Hrabal geschrieben – und wie er das getan hat. Bis heute erinnern so viele Details an ihn – eben bis hin zu jenem nach ihm benannten Schnellzug, der von Prag nach Nymburk fährt. Der beginnt allerdings, wie gesagt, im Prager Hauptbahnhof, meine Reise nach Nymburk hingegen fängt hier an, am Masarykovo nádraží, mittlerweile hat sich der fast dreißig Minuten verspätete Regionalzug in Bewegung gesetzt und zuckelt los in Richtung Nymburk. Die Sonne scheint durch das Fenster, es ist heiß, als der Zug durch die Landschaft fährt.

Es regnet. So fängt in den späten Dreißigern Hrabals Schriftstellerkarriere an. Er sitzt an der Brauereischreibmaschine und tippt los. Ein Gedicht wird es sein. Dieses rauschhafte Einhacken auf die Schreibmaschine, als würde er ein Stück Holz bearbeiten, wird später oft beschrieben, wenn von der Entstehung seiner mitunter ebenso rauschhaften Texte die Rede ist. Als er das erste Mal ein Blatt Papier einspannt und die erste Fassung eines Gedichts in die Schreibmaschine tippt, da ist er schon voller Geschichten. Denn zu diesem Zeitpunkt hat er im Grunde schon seine wichtigsten Inspirationsquellen entdeckt. Beispielsweise seinen Onkel Pepin, eigentlich Josef, der 1924 für einige Tage zu Besuch kommt. Aus den Tagen werden Wochen, aus den Wochen werden Monate, aus den Monaten werden Jahre. Dieser Pepin, eigentlich Schuster von Beruf, beginnt eine Arbeit als Mälzer in der Brauerei und ist somit immer in der Nähe seines kleinen Neffen – vor allem aber erzählt und erzählt und erzählt er, redet sich um Kopf und Kragen, bis alles um ihn herum am Boden liegt vor Lachen. Sein Geld verprasst er stets, und an seinem Neffen hat er einen Narren gefressen: Pepin wird zur wichtigsten Instanz für Bohumil, im nie endenden Redefluss seines Onkels lernt Hrabal das, was später als »Bafeln« in die Literaturgeschichte eingehen wird: ein mitunter von Bier und anderem Alkohol geförderter, immer fantasievoller Strom an Gerede, Berichten und Geschichten, vielleicht irgendwann mal der Realität entnommen, aber selbstverständlich weit über die schnöde Wirklichkeit hinausreichend. Was muss dieser Pepin nur für ein Typ gewesen sein? Er sprach nicht, so heißt es, sondern schrie. Stets trug er mindestens zwei Hosen übereinander, im Winter sogar drei, auch nachts, falls plötzlich Zigaretten geholt werden mussten. »Den ganzen Tag«, so vermerkt es Hrabal-Biographin Monika Zgustová, »lagen sie wie zwei junge Hunde im Bett und sagten einander, wie lieb sie sich hatten.« Mehr noch: »Die Nächte verbrachten sie mit Theaterspielen und Gesprächen über Päpste, Kaiser und Fräuleins. Und der Junge begann bei der bloßen Vorstellung, daß Onkel Pepin einmal sterben könnte, bitterlich zu weinen.«[15]

Mittlerweile ist der Zug in Nymburk angekommen. Der Tätowierte mit dem großen Silberkreuz steuert zielsicher die Spielhölle gegenüber dem Bahnhof an. Sie wirbt mit einem Jackpot von bis zu 100 000 Kronen. Direkt darunter ist ein Plakat an der Schaufensterscheibe angebracht: zu vermieten. Der Mann rüttelt vergeblich an der Tür des Ladens, geschlossen, schwer zu sagen, ob nur für jetzt oder schon für immer. Auch ich lasse die Hoffnung auf den Jackpot links liegen und laufe ins Zentrum der kleinen Stadt. Vorbei am Kino, dessen Bushaltestelle davor »KINO« heißt, betrete ich das kleine Gebäude, das ich suchte. Eines der ersten Exponate, die ich im kleinen Nymburker Museum entdecke, ist die Seefahrermütze von Onkel Pepin. Das Museum ist in erster Linie eine Hommage an Bohumil Hrabal, liebevoll gestaltete Räume mit Exponaten des durchaus absichtsvoll skurrilen Lebens des Schriftstellers, der in der Kneipe immer seine Wohnung vermisste – und in der Wohnung ständig seine schöne Kneipe. Eine Fassung seines allerersten Gedichts mit handschriftlichen Korrekturen hängt an der Wand, und da sind natürlich zahlreiche Fotos, darunter auch das fast schon ikonographische Porträt von Hrabal, der im Garten seines kleinen Häuschens in der Waldsiedlung Kersko sitzt, äußerst grimmig dreinblickend, und auf seine Schreibmaschine einhackt. Ganz nah kommt man ihm, wenn man vor seinem Schreibtisch steht, der in Nymburk wieder aufgebaut wurde: Da steht die Schreibmaschine mit einem eingespannten Blatt in der Mitte, da gibt es natürlich eine Flasche Bier, dahinter eine Schachtel Zigaretten, am Rand steht ein großes Radio mit Kassettenfunktion, davor schreibmaschinenbeschriebene Blätter, auf denen eine Schere liegt – samt Klebestift in greifbarer Nähe, gehörte doch die Technik des Zerschneidens und Zusammensetzens, ja, des Collagierens von Textbausteinen zu einem wichtigen Element von Hrabals Arbeit. An der Wand: einige präparierte Schmetterlinge. Auch steht dort natürlich eine Holzschale mit dem, was ein angeschlagener Körper brauchen kann: Aspirin, Atarlagin, Ketonal. Die letzten Lebensjahre von Hrabal waren von Schmerzen geprägt.

Die sichtlich stolze Museumsaufsicht kommt zu mir, die ältere Dame reicht mir einige abgegriffene Blätter: Beschreibungen der Exponate in englischer Sprache. Und sie weist mich auf die Ausstellung im Nebenraum hin, die ich sonst möglicherweise verpassen könnte: unzählige Karikaturen verschiedener Künstlerinnen und Künstler, die allesamt Hrabals Eigenarten und Schrulligkeiten aufgreifen, persönlich wie literarisch. Auf einem Blatt sieht man sieben verschiedenfarbige Katzen, die mit beleidigtem Gesichtsausdruck nach Hrabals endgültigem Verschwinden an der Bushaltestelle in Kersko stehen und warten. Auf einem Bild sieht man den Autor beim Schreiben – doch anstatt in Tinte tunkt er sein Schreibgerät in ein großes Bierglas. Eine weitere Karikatur zeigt Hrabal vor einem überdimensionalen Bier in der Kneipe – doch wovon träumt er, natürlich? Von einer Katze. Und wie absurd und wahr zugleich ist dieses Doppelporträt aus der Prager Altstadt: Hrabal trägt seinen blauen Anorak und hat einen kleinen Rucksack aufgeschnallt, während neben ihm – vielleicht sogar untergehakt – im eleganten Dreiteiler Franz Kafka flaniert. Doktor Hrabal und Doktor Kafka. Brüder im Geiste. Immer wieder taucht in der Ausstellung natürlich auch der vielleicht wichtigste Mensch in Hrabals Leben auf: seine Ehefrau Eliška, genannt Pipsi, die er 1956 heiratete. Ebenso wie ihr Mann arbeitete sie viel, zuerst als Serviererin im Prager »Hotel Paris«, später in der Altpapiersammelstätte – und sie brachte, so liest man vielerorts, Ordnung in sein Leben. Das war zu einer Zeit, als Hrabals Existenz noch recht chaotisch war, er nach wie vor harte Brotarbeiten verrichtete und gar nicht daran dachte, freier Schriftsteller zu werden. Hrabal hat über das Zusammenleben mit Eliška oft geschrieben, eins seiner Bücher drückt besonders aus, wie innig, wie liebevoll, ja, auch wie lustig der Umgang der Hrabals miteinander gewesen sein muss – und macht verständlich, warum Eliška Hrabalovás Tod im Jahr 1987 ein derartig harter Schlag war, der auch ihm die Lebenslust raubte. Natürlich erzählt Bohumil Hrabal nicht einfach aus seiner Perspektive über seine Ehe, nein: Der Roman »Ich dachte an die goldenen Zeiten«, publiziert ein Jahr vor Eliškas Tod, ist aus Sicht seiner Frau verfasst. Sie blickt zurück auf die Anfangszeit der großen Erfolge ihres Mannes. Und betrachtet mit Entsetzen, was der nun also zu Ruhm gekommene Schriftstellerehemann da so verzapft: Mit einem Einkaufsnetz voller Kronenscheine, seinem Buchvorschuss, läuft er lässig durch die Gegend und geht gemütlich in die Kneipe, wo er sein Geldnetz an die Garderobe hängt – und gleich mehrmals packt es ihn, und er schreibt verschiedene Testamente, in denen er allerdings auch verschiedenen Personen das gleiche Erbe verspricht.

Das ist die Hrabal'sche Kunst: Er kann komisch und tragisch und finster und leicht zugleich sein. Und er erzählt mit derart entwaffnender Selbstironie, dass man vom ersten Satz an in diese Welt hineingezogen wird: »Das Vorabexemplar des ersten Buches meines Mannes wollte und wollte nicht kommen, er hatte sogar zu trinken aufgehört und brüllte nachts, er werde aus dem Fenster springen, er werde sich vor einen Zug werfen, da zog ich an meinem nächsten freien Tag mein Paradekleidchen und meine roten Schuhe mit Stöckelabsätzen an, ich nahm meinen Regenschirm und machte mich auf den Weg zum Verlag.«[16]

Dass Hrabals Leben besonders war, dass er stur vor sich hin existierte und meist voll war von Mitgefühl und manchmal auch von Zorn, liegt auf der Hand. Aber was macht aus diesem besonderen Leben so besondere Literatur, dass man Hrabal wohl ruhigen Gewissens zu den größten Schriftstellern seines Landes im 20. Jahrhundert zählen kann? Es ist das Manische, das Überbordende, das Strahlende und das Düstere zugleich, kurz, es steckt eine Energie in diesen Büchern, die unbeschreiblich ist, hat man sich einmal auf sie eingelassen. Dinge, die man von Hrabal vermutlich nie gehört hätte. Durch die fiktive Figur seiner Ehefrau bekennt sich der Autor persönlich zur eigenen Maulfaulheit hinsichtlich seines Werks, ihr »Mann unterhielt sich in der Kneipe, überhaupt überall, wo er war, nie über das, was er gerade schrieb, wie sehr er unterm Schreiben litt, er redete nie über Literatur, und stellte ihm einer solche Fragen, schwieg er und schaute auf den Tisch, er spielte mit dem Bierdeckel, errötete leicht, zuckte mit den Schultern und sagte dann, er wisse nicht, was er sagen solle, alles, was er habe sagen wollen, stehe in seinen Büchern«.[17] Was in diesen Büchern stand, das hörte Hrabal in der Kneipe, zumindest als Initialzündung, denn dem Gehörten setzte der Schriftsteller natürlich stets die »Hefepilze der Fantasie«[18] zu, wie er es formulierte, bis die Geschichte unkontrollierbar in alle Richtungen schäumte. Ein Ort dafür war das durch ihn heute berühmte Prager Wirtshaus »Zum Goldenen Tiger«. Ein riesiges Städtchen namens Prag, ein kleines Städtchen namens Nymburk, eine Handvoll Kneipen und noch mehr Freunde, die immer für ein Bier zu haben sind – das alles bildet natürlich wichtige Fixpunkte im Hrabal-Kosmos – aber das Entscheidende, wenigstens für viele Lebensjahrzehnte, fehlt noch. Dafür muss man Nymburk oder Prag – je nachdem, von wo aus man startet – für eine kurze Fahrt verlassen. Kersko, so lautet das schon mehrmals gefallene Zauberwort, dieser verwunschene Ort irgendwo zwischen der Metropole und der Kleinstadt, eine Siedlung mitten im Wald, die für Hrabal fast bis zum Ende seines Lebens zum Fluchtpunkt wurde.

Im Jahr 1970 entdecken seine Frau und er eine Zeitungsannonce: Angeboten wird ein Wochenendhäuschen in der Waldsiedlung von Kersko. Dem Schriftsteller muss diese Anzeige – wie Jahrzehnte vorher auch sein Prager Stadtteil Libeň – wie ein »Rettungsring« erscheinen, der ihn im übertragenen Sinne vor dem Ertrinken bewahrt: Das Jahr 1968 ist für Hrabal furchtbar. Zwar wird ihm einerseits der »Tschechoslowakische Staatspreis für Literatur« verliehen – andererseits muss er den Freitod seines engen Künstlerfreundes Vladimír Boudník verkraften, noch dazu haben die Niederschlagung des »Prager Frühlings« und die Besetzung der Tschechoslowakei durch die Truppen des »Warschauer Pakts« für Hrabal unmittelbare und schmerzliche Konsequenzen: Trotz seiner Berühmtheit erhält er Publikationsverbot. So zieht er sich also 1970 mehr oder weniger nach Kersko zurück, lebt zwar weiterhin in Prag, wo er wenige Jahre später sogar in eine Neubauwohnung zieht, doch sucht er in Kersko das, was man dort in der Tat heute noch findet: Stille und Idylle jenseits des allzu lauten Prager Lebens.

Die Wälder von Kersko sind heute regelrechte Pilgerpfade zum Schriftsteller aus allen Himmelsrichtungen: Spaziergänge zu Hrabal, die mittlerweile sogar von touristischen Agenturen angeboten werden – man kann sich den schimpfenden und fluchenden Autor in der Sekunde vorstellen, wo sich die ganze Busladung räuspernd und mit langen Hälsen vor seinem Wochenendhaus postiert – doch auf diese Wut, auf den Zorn, auf die Panik kommen wir später noch. Zunächst mal muss man ankommen, und das geht genauso wie zu Hrabals Lebzeiten: Von der Hauptstadt aus fährt ein Bus, den er unzählige Male genommen hat. Vor einem Jahrzehnt war ich das erste Mal in Kersko, ein Schriftstellerfreund nahm mich im Auto mit, und an diesem Nachmittag lernte ich viel über die Hrabal'sche Melancholie: Der Himmel war düster und grau, und zwischendurch setzte Nieselregen ein, voller Schwermut spazierten wir damals durch die Wälder, die feucht nach November rochen, standen wir vor dem Wochenendhaus und konnten uns in diesem trüben Licht kaum vorstellen, wie Hrabal dort im Garten saß und seine vor Kraft nur so strotzenden Texte schrieb. An dieser Traurigkeit des Herbsttages änderte auch das stark schwefelhaltige Quellwasser nichts, das angeblich von allen Leiden befreit, wenn man es in Kersko trinkt. Warum ich noch so genau weiß, dass das alles zehn Jahre her ist? Es war die Zeit, in der ich erfuhr, dass mein Vater bald sterben würde, ich erinnere mich noch, dass es kurz nach der Reise nach Kersko war, dass ich noch mit dem Geschmack des schwefeligen Wassers und den Bildern von Hrabal im Kopf in seinen Büchern blätterte und damals tatsächlich Trost fand, nicht auf den allerersten Blick, mehr so ganz sachte und sanft, zwischen den Zeilen.

Aber so, wie es bei Hrabal eben auch immer zwei Seiten gibt, das Traurige und das Fröhliche, das Leichte und das Schwere, verläuft meine zweite Reise diesmal ganz anders und ohne Dunkelheit und Wolken: Ich komme nicht aus Prag, ich komme nicht mit dem Autobus, es ist ein Tag im Spätsommer, wie er schöner nicht sein könnte. Die Erinnerungen an das Nymburker Museum habe ich noch im Sinn, als ich tschechische Freunde von mir vor dem Bahnhof treffe. Sie fragen mich kurz, wie es in Nymburk war, und ich zeige ihnen die Postkarte, die ich für wenige Kronen gekauft habe, Erinnerungen an den größten Sohn der Stadt, der dort zwar nicht geboren ist, aber irgendwie zumindest doch vom Nymburker Bier inoffiziell vor den Toren der Brauerei getauft wurde. Das Besondere ist natürlich der Poststempel des Museums, stolz angebracht von der Dame am Empfang. Doch jetzt ist Nymburk vom Gefühl her schon weit weg. Stundenlang laufen meine Freunde und ich durch die Wälder von Kersko, wir verlaufen uns natürlich, vielleicht sogar mutwillig, wir machen Halt an der berühmten Kneipe Hájenka: Der tschechische Filmregisseur Jiří Menzel hat unter anderem hier in den Achtzigern einen Klassiker gedreht, eine Komödie, die auf den Geschichten in »Schneeglöckchenfeste« von Bohumil Hrabal beruht – selbstverständlich Ehrensache, dass der Autor selbst eine kleine Gastrolle in dem Film spielte. Wir trinken einige kleine Biere und vielleicht sogar ein großes, dann ziehen wir weiter und stehen irgendwann vor dem Haus, um das sich alles dreht. Das kleine Grundstück, wo Hrabal zur Ruhe kam, wenn die inneren wie äußeren Gespenster ihn zu sehr verfolgten. Ein schlichtes, ein schönes Häuschen. Davor ein Schild mit dem Hinweis darauf, dass die heutigen Bewohner nichts mit Hrabal oder dessen Familie mehr zu tun haben: Vermutlich kamen irgendwann, vornehmlich zu runden Geburtstagen, dann doch zu viele Pilger, dann doch zu viele Busladungen von Touristinnen und Touristen aus aller Welt, die dann doch zu viele Fragen hatten. Steht man vor dem Haus, von Bäumen umgeben, dann hört man nicht nur das sanfte Rauschen der Wälder, dann meint man sogar an diesem Sommertag, noch das Klappern der Tasten der Schreibmaschine zu hören, das sich in den Bäumen verfangen hat und dort an besonders schönen Tagen erklingt. Nicht nur das, zwischendurch fordern die Katzen ihre Streicheleinheiten, beanspruchen Aufmerksamkeit, jede für sich und alle zusammen. Man kann sich fast bildlich und akustisch vorstellen, was heute auf Fotos in Büchern konserviert ist: Bohumil Hrabal sitzt im Garten seines Wochenendhauses und will schreiben, kommt aber zu nichts, denn um ihn herum herrscht Chaos. Katzen über Katzen, kaum zählbar, auf dem Weg liegend oder über die Wiese stromernd, man weiß gar nicht genau, wem hier eigentlich alles gehört.

Dieser Spaziergang und der Blick auf das Häuschen in der Stille von Kersko genügen, um den Rhythmus zu fühlen, in dem Hrabals Poesie geschmiedet wurde. Über seinen Text »Leitfaden für den Baflerlehrling« schreibt der Autor selbst, er sei »binnen fünf Stunden in den unregelmäßigen Pausen zwischen Holzhacken und Rasenmähen«[19] entstanden, und so liest er sich auch wie ein unglaublich modernes Stück autobiographischen und assoziativen Schreibens, als wäre es gerade eben vor unseren Augen und vor dem Gartenhaus in das Schreibgerät gehackt worden, in der Pause zwischen handwerklichen Verrichtungen, ohne einen einzigen Punkt dazwischen: »… ich bin ein erschrockener menschlicher Aufschrei, den eine Schneeflocke zusammenbrechen läßt, immerfort in Eile, um zwei, drei Stunden täglich untätig tätig träumen zu können, denn ich weiß wohl, dass das menschliche Leben vergeht, wie man Karten mischt, daß es vielleicht besser wäre, mich durchzuwaschen, in einem Taschentüchlein wegzuwerfen, zuweilen tue ich so, als schnuppere ich hoffnungsfroh an einer Million, dabei weiß ich genau, daß ich am Ende eine lachende Null gewinne, daß diese ganze Pracht mit einem Samentropfen begann und im Knacken eines Feuers enden wird …«[20]

Ich werde aus meinen Gedanken gerissen, und schon lachen auch die Freunde neben mir, während wir immer noch vor dem Haus stehen: Wir fühlen uns wie in einer Hrabal-Verfilmung, aus einem der Nachbarhäuser beginnen nämlich plötzlich Blechblasinstrumente zu tönen. Erst sind wir uns unsicher, ob es nicht eine CD ist, die da läuft, aber dafür ist das Spiel eine

Spur zu schief und ein wenig zu ungenau. Ein kleines Ensemble, vermutlich Trompete, Posaune und Tuba, übt hier für den großen Auftritt. Ein Stück näher an der Hauptstraße entdecken wir eine andere Sensation: An einem Gartenzaun werden lauter kleine Kakteen angeboten, eine schöner als die andere, daneben hängt eine Dose, für eine kleine Spende wird gedankt, also tauschen wir Kronen gegen Kakteen und laufen weiter. Wir verlassen die Waldsiedlung und gehen bald an der Elbe entlang, machen an einem Bootssteg Halt und picknicken inmitten der schönsten Schönheit, für die selbst kitschige Ausdrücke nicht genügen. Zuerst schweigen wir, aber dann fängt irgendwer an zu erzählen. Ohne jede Melancholie, aber doch sehr andächtig. Schwierig zu sagen, wer das Stichwort gegeben hat, vermutlich Hrabal persönlich, unausgesprochen. Es dauert nicht lang, und unser Gespräch landet bei Hrabals Katzen, bei seinen letzten traurigen Lebensjahren, bei der Vergänglichkeit im Allgemeinen. Bei den Bierkneipen natürlich auch und bei der Fröhlichkeit, die jedoch niemals ewig ist. Wir geraten hinein in die Hrabal'sche Philosophie, fast könnte man meinen, wir haben das Bafeln längst angefangen.

Den gesamten Weg in die nächste Kleinstadt, von der aus wir den Zug zurück nach Prag nehmen, begleitet uns diese leichte Schwere, dieses Nachdenken über diesen eigenartigen Schriftsteller, den man tatsächlich nicht lesen kann, ohne danach zumindest ein wenig verändert zu sein. So mäandert unser Gespräch über Hrabal dahin. Dieses Phänomen kenne ich sogar schon: Wenn man sich mit Hrabal beschäftigt, dann geht es natürlich um die Freude und das Bier und das Lachen, nur ist es eben ein ganz kleiner Schritt, um von der rauschhaften Trinkerei, die alles Schlimme verdrängt, direkt beim schlimmsten Kater zu landen, mit dem bösesten Katzenjammer überhaupt wie aus einem bezaubernden Traum aufzuwachen – kein Wunder, dass Hrabal dieser existentielle Kater ganz und gar nicht fremd war. Ähnlich ambivalente Gefühle brachte Hrabal ja auch den Menschen entgegen, die ihn in Kersko besuchten. So lässt er den Erzähler in »Schneeglöckchenfeste« sinnieren: »So behauptete mein Besucher wie alle Besucher vor und nach ihm, daß er gekommen sei, um mir nicht nur zum Schreiben, sondern auch zum Leben Mut zu geben, und das tun sie alle besonders dann, wenn sie nicht einmal für sich selbst Zeit haben. Manchmal begegnen sich meine Besucher im Pförtchen, grüßen sich höflich, ihre Gestalten gehen in entgegengesetzte Richtungen auseinander, aber im Grunde ist es ein und derselbe Besuch, nach dem ich zusammenbreche.«[21]

Wo viel Fröhlichkeit ist, da lauert also auch die Finsternis. Das gilt bei ihm für die Bücher wie für das Leben. Immer wieder durchleidet Hrabal diese Übergänge. Nicht nur der Tod vieler Freunde und Verwandter nimmt ihn wieder und wieder mit, auch das schiere Existieren in seinem besetzten Heimatland wird ihm oft unerträglich gemacht. Im März 1974 beispielsweise, so schreibt es Monika Zgustová in ihrer Biographie, feiert Bohumil Hrabal mit Freunden seinen sechzigsten Geburtstag im Forsthaus von Kersko. Viele Dissidenten und verbotene Autoren sind eingeladen, es soll ein rauschendes Fest werden. Selbstverständlich mit viel Alkohol und mit reichlich Essen, es wird sogar gesungen. Wie von einer Vorahnung getrieben sitzt das Geburtstagskind unglücklich da – und tatsächlich passiert etwas: Die Polizei kommt mit Blaulicht, schwarze Fahrzeuge der Geheimpolizei sind ebenfalls dabei, das Haus wird durchsucht, alle Gäste werden aufgeschrieben, die Feier endet in einer Katastrophe. Immer wieder wird Hrabal in der Folgezeit verhört, das alles macht ihn panisch, das alles zermürbt ihn: Wie ein Besessener fährt er mit den öffentlichen Verkehrsmitteln, trifft Freunde in der Kneipe, weil er es daheim nicht aushält, fühlt sich verfolgt und nur unterwegs überhaupt noch sicher in seiner Haut. Um nicht ständig von seinen rotierenden Gedanken und Befürchtungen gequält zu werden, fährt er mit der Straßenbahn von einem Ende der Stadt ans andere, eine seiner Lieblingslinien beschreibt Monika Zgustová, »deren Trasse vom Stadtteil Ďáblice nach Bráník führte; die Nummer siebzehn fuhr immer die Moldau entlang, und er betrachtete die sich verändernden Viertel und die Brücken aus Beton, Stein und Eisen; sein Blick glitt von einer Brücke zur anderen, und aus dem Blick ins Wasser bezog er neue Kraft und Energie«.[22]

So paradox es auch klingen mag: Weil Hrabal kurze Zeit später wieder publizieren darf, kommt alles noch viel schlimmer. Im Jahr 1975 wird in der Zeitschrift »Tvorba« ein Interview mit ihm abgedruckt. Ein seltsamer Kniefall vor dem Regime, eine Art Selbstbezichtigung, wie man sie von Hrabal nicht erwarten würde. Kein Wunder, dass der Autor selbst behauptet, dass Großteile des Interviews unautorisiert hinzugefügt worden seien – und dass er die Unterschrift darunter verweigerte. So fadenscheinig der Vorgang auch ist, sowenig man sich vorstellen kann, dass ausgerechnet Hrabal sich plötzlich in das politische System einfügt, so plausibel es scheint, dass er schlichtweg hereingelegt worden ist: Die Öffentlichkeit reagiert entsetzt. Studierende verbrennen auf offener Straße Hrabals Bücher – und fast alle Welt vergisst, dass in »Tvorba« vor seinem Interview mit dem »Leitfaden eines Baflerlehrlings« einer der intensivsten und schönsten Texte in lyrischer Prosa abgedruckt wird, die der Autor jemals geschrieben hat.

Übrigens heißt das Ende des Publikationsverbots natürlich nicht, dass Hrabal auch wieder alles veröffentlichen darf, was er schreibt: Die Zensur ist streng, etliche Texte und Bücher müssen weiterhin in Exilverlagen und im Samisdat erscheinen. Was er jedoch publizieren darf, findet reißenden Absatz. Dennoch, es müssen Höllenqualen sein, die der Schriftsteller in diesen Jahren durchsteht. So laut und wütend und grob er auch manchmal wirkt, wenn man Beschreibungen über ihn liest: Seinen Erzählungen merkt man an, wie empfindlich er ist. Mein Hrabal-Lieblingsbuch – nicht nur in diesem Zusammenhang, sondern grundsätzlich – heißt »Leben ohne Smoking«, eine Sammlung von Geschichten, die neben dem »Leitfaden eines Baflerlehrlings« auch wiederum eine Würdigung seines Onkels Pepin mit dem Titel »Gotteskinder« enthält. Vor allem aber eine ganz zentrale Geschichte, die vielleicht beste Einführung in die Hrabal-Welt: »Die Katze Autitschko« aus dem Jahr 1986. Es ist eine Geschichte voll von unvermeidbarer Grausamkeit. Die Hauptfigur, ein Herr Hrabal, sieht sich gezwungen, etwas gegen die Überbevölkerung an Katzen auf dem Grundstück seines Hauses in Kersko zu unternehmen. Mehr und mehr Tiere muss er töten, doch die toten Katzen verfolgen ihn, als wären es Gespenster. Ebenso wie der weggegebene Kater Renda, der dem Erzähler plötzlich nachts erscheint und streng mit ihm ins Gericht geht: »Warum nur haben Sie mich in die Welt hinausgeschickt, wo ich doch Ihre liebste Katze war, wo Sie mich doch so geliebt haben, wie ich Sie gemocht habe?

Herr Hrabal, Hand aufs Herz, eine Katze mehr hätten Sie doch wohl halten können, ich wollte doch das Essen und die Milch nicht umsonst von Ihnen, Sie wissen genau, daß ich Ihnen jede Maus, die ich fing, jede einzelne Maus aufs Fensterbrett gelegt habe, um Ihnen zu zeigen dass Sie mich nicht umsonst durchfütterten …«[23] Dann vermischt sich die Fiktion mit dem, was über Hrabals tatsächliches Leben bekannt ist: Um die Katzen zu vergessen, die er auf dem Gewissen hat, fährt der Erzähler mit der Straßenbahn kreuz und quer durch Prag, beobachtet er die Menschen und das Treiben in der Hauptstadt, kommen ihm überraschende Erkenntnisse, beispielsweise dass Künstler »das Leid brauchen, um besser zu sehen, um, wenn sie den Tiefpunkt ihres Sturzes erreicht haben, das zu erblicken, was andere nicht sehen, was das Wesen des Menschen und der ihn umgebenden Welt ausmacht«.[24] Vorangestellt ist dieser außergewöhnlichen Geschichte übrigens ein ebenso außergewöhnlicher Prolog, der beste Beweis dafür, dass der Schriftsteller einfach macht, was er will: Der Autor interviewt sich selbst. Und stellt sich ganz geradeheraus die Frage, ob er manchmal schlechte Laune habe. »Hätte ich sie nicht«, so antwortet Hrabal auf Hrabal, »ich müßte sie mir schaffen.« Das Schönste am Menschen sei schließlich seine schlechte Laune – denn erst aus dem Zustand der Depression würde Neues entstehen: »Wer oft schlechte Laune hat, ist von den Göttern auserkoren, ein Mensch wie er ist fähig, sich zu erneuern, sich zu verjüngen.«[25]

Mittlerweile fährt der Regionalzug zurück in Richtung Prag. So langsam und gemächlich, wie ich am Morgen aufgebrochen bin, um zuerst endlich Hrabals Nymburk zu sehen und schließlich das Haus, das den Katzen gehörte und auch ein wenig dem

Herrn Schriftsteller selbst. Ich muss über seine schlechte Laune lächeln, die fast schon zur Folklore geworden ist, obgleich seine Wutanfälle eine ernste Sache sein konnten: Filmemacher Jiří Menzel zum Beispiel gibt zu, dass er Hrabal in den letzten Jahren seines Lebens kaum noch besuchte, weil er Angst vor ihm hatte – weil jeder Besucher mit wüsten Beschimpfungen begrüßt wurde. Schon aus der Zeit davor sind seine Zornesausbrüche natürlich dokumentiert – nur ist da eben dieser eine Augenblick des Mitgefühls, gegen den sich der griesgrämige Autor nicht wehren konnte. In seiner Stammkneipe »Zum Goldenen Tiger« sitzt Hrabal am Tisch und isst und trinkt, als ein italienischer Journalist vor ihm steht und sich mehrere Exemplare von »Allzu laute Einsamkeit« signieren lassen möchte, den Roman über einen Arbeiter, der seit fünfunddreißig Jahren Altpapier presst und seine gesamte Bildung den geretteten Büchern verdankt. Hrabal rastet aus, schreit den italienischen Journalisten an – dann unterschreibt er die Exemplare und lädt den gerade noch unerwünschten Gast zum Abendessen ein.

Es ist gerade noch hell an diesem Abend im Sommer, als ich dort ankomme, wo meine Reise begonnen hat. Am Masarykovo nádraží fliegt ein Schwarm Tauben auf, die im Licht der Sonne glänzen. Angeblich ist Hrabal gestorben, als er sie füttern wollte. Damals war er schon viele Jahre krank, als er sein Zimmerfenster öffnete. Fünfter Stock, Bulovka-Krankenhaus. Freitod oder Unglück – die Frage können wir noch jahrhundertelang an den Kneipentischen diskutieren, eine Antwort werden wir niemals finden. Nun wird es wirklich Zeit für ein Bier, vielleicht sogar ein großes, der Blumenladen im Masaryk-Bahnhof hat schon längst geschlossen, und auch die ganzen Hrabal-Figuren, die am Morgen gemeinsam mit mir zu ihren Plätzen in den Geschichten und Büchern aufgebrochen sind, liegen nach einem harten Tag schon im Bett oder sitzen vor dem Fernseher. Als ich den Bahnhof gerade verlassen will, entdecke ich doch tatsächlich das Kätzchen vom Morgen. Und nicht nur das, wie aus dem Nichts taucht der Hinkende auf, der früh die Tauben mit Krumen versorgt hat. Er zieht ein kleines Schälchen mit Futter aus der Tasche und öffnet es langsam, Katzen sind ungeduldig, jetzt beugt er sich beschwerlich hinunter und schiebt die Schale dem hageren Tier hin. Die Katze blickt einen winzigen Moment lang dankbar hinauf ins Gesicht des alten Mannes, dann fängt sie gierig an zu schlingen.

DRITTES BIER

Himmelhoch jauchzend oder das Gegenteil. Prager Seelenversuche

So, wir müssen leider weitermachen ... Kommen Sie ... Kommen Sie bitte wieder herein, das dritte Bier wird gerade gebracht! Ich möchte Ihnen jetzt von Experimenten an der offenen Seele berichten. Keine Sorge, es wird nicht brutal. Prost!

In den ersten Wochen war alles einfach und klar. Manchmal war mir sogar der Weg in den fünften Stock nicht zu anstrengend, und ich nahm keinen Aufzug. Ich rannte die Treppe rauf, ich rannte die Treppe runter, seit meine Operationsnarbe nicht mehr schmerzte, erwischte ich mich sogar dabei, wie ich zwischen den Stockwerken auf einem Bein hüpfte vor lauter Übermut. Ich war schlichtweg nicht zurechnungsfähig. Der Prager Rausch hatte mich erfasst. Eine unerklärliche Trunkenheit jenseits des Alkohols, die über die Jahrhunderte gut dokumentiert worden ist, die Quelle allen Glücks und allen Übels, die Ursache für schlimmstes Heimweh und für irrationale Sehnsüchte zurück, der Prager Rausch, dem man sich nicht entziehen und den man mit nichts vergleichen kann. Jeden Morgen wachte ich auf und war der »Organisation« unendlich dankbar – die Tage verbrachte ich spazierend in der Stadt, zwischendurch saß ich in den Kaffeehäusern und abends manchmal in der Kneipe. An den Abenden hörte ich vom Balkon aus den Fußballfans im nahe gelegenen Stadion zu und schaute in den flutlichterleuchteten Himmel. Diese Besoffenheit wollte gar nicht mehr aufhören. Jeden Pflasterstein hielt ich für einzigartig, das Lächeln eines jeden Souvenirladenverkäufers war für mich originell, alle alten Menschen strahlten Geschichte und Schönheit aus, wie es sie nur hier geben kann, beinahe hätte ich sogar ein Abo fürs Schwarze Theater abgeschlossen.

Meine Zuneigung war grenzenlos, ich wollte sie alle umarmen, selbst den Restaurantbesitzern, von denen ich mir sehenden Auges zu viel Geld abknöpfen ließ, schüttelte ich mit vor Dankbarkeit glänzenden Augen die Hand, selbst den Taschendieben sah ich es nach, wenn ich ihre Hände in der Metro schon ganz nah an meiner Hosentasche fühlte, nichts konnte mich erschüttern, nichts konnte mich aus meiner Prager Glückseligkeit reißen. Liebte ich ein Klischee? Liebte ich mich, der ich ein Klischee liebte? Wie lange würde die »Organisation« mich gewähren lassen, wohin sollte mein Müßiggang vor allem führen?

Ich spazierte den Wenzelsplatz hoch und runter und kaufte mir ab und zu einen Band mit tschechischer Dichtung, von der ich natürlich kein Wort verstand, aber ich trug das Buch gewichtig unter dem Arm, ich flanierte über den Altstädter Ring und bemitleidete die Pferde, die ich gern auch umarmt hätte. Schon nach wenigen Tagen stellte sich diese gemeine Überlegenheit ein gegenüber den Touristen, die alle maximal drei Nächte in Prag hatten und schon bei der Ankunft am Flughafen nichts mehr in Erinnerung behielten von der Schönheit der Pflastersteine und der Grazie der Souvenirladenverkäufer. Wie würden sie mich beneiden, wenn sie wüssten, dass meine Anzahl an Nächten hier unbegrenzt war? Dass ich mich nicht als Tourist, sondern als Forscher mit besonderem Auftrag in der Stadt aufhielt?

Übrigens schwieg die »Organisation« zwar auf geradezu beharrliche Weise, doch ließ sie mich keineswegs im Stich, jedenfalls noch nicht zu dieser Zeit: Manchmal entdeckte ich kleine Aufmerksamkeiten in meinem Briefkasten. Karlsbader Oblaten, eine Konzertkarte, eine kopierte Zeitungsseite mit Empfehlungen für besonders gute oder besonders traditionelle Lokale, immer wieder legte man mir außerdem frisches Geld auf den Tisch, und niemals war ich schnell genug, um den Boten zu erwischen, manchmal blieb ich nur wenige Minuten fort, um mir einen Kaffee zu holen, und schon lag ein neues Bündel Geld in meiner Einzimmerwohnung, ohne persönliche Nachricht, ohne weitere Erklärung. Irgendwann dann fing ich an, schwermütig zu werden: Ich kannte schließlich niemanden hier. Angekommen war ich jetzt, nur, was brachte mir das? Zum ersten Mal stellte sich ein schales Gefühl ein, das ich in dieser Intensität vorher nicht gekannt hatte: Morgens war ich bester Laune, wenn ich aus dem Haus ging – doch mittags, fast so, als würde es manchmal genügen, die Seite des Flusses zu wechseln, war ich wie ausgetauscht, fühlte ich mich hundseinsam, wurde ich fast panisch vor lauter Alleinsein und fand dafür einfach keine Erklärung. So seltsam sich das auch anhört: Dieses Gefühl setzte sich fest und war irgendwann fast schon ein fester Bestandteil meiner Verbundenheit zur Stadt. Weil das aber kein Dauerzustand war, setzte ich mich eines Abends an den Tisch und formulierte ein Schreiben. Mein »Brief an die Organisation« war ein Resümee der ersten Wochen, verbunden mit der inständigen Bitte, mich über den weiteren Fortlauf meiner Mission baldmöglichst zu informieren, mein Aufenthaltsort war den Verantwortlichen ja hinlänglich bekannt.

Auf den Umschlag schrieb ich: »Organisation zur Pflege und Entwicklung der tschechischen Seele. Stichwort: Seelenkunde. 11 000 Praha 1«.

Der Brief kam nicht zurück. Stattdessen geschah ein Wunder. Ich stand mal wieder auf dem Altstädter Ring und beobachtete die Menschenmenge, die sich zur vollen Stunde vor dem Rathausturm versammelte, da trat ein Herr unverständlich murmelnd auf mich zu, einer dieser historischen Touristenführer mit Backenbart, Gehrock, Spazierstock, Monokel und Zylinder. Ich winkte ab und ging ein Stück weg, doch er folgte mir, warten Sie, so warten Sie doch, bis ich stehen blieb, es kam mir seltsam vor, dass er mich auf Deutsch ansprach. Junger Mann, sagte er, er flüsterte es mir halb ins Ohr, hören Sie mir ganz genau zu: Die »Organisation« dankt Ihnen für Ihr Schreiben und lässt Folgendes ausrichten: Nachdem Sie das Ankommen in der Stadt mit Bravour gemeistert haben, wird es Zeit für eine neue Aufgabe. Erleben Sie alle Hochs und Tiefs der Stadt. Lernen Sie Tschechisch. Alles Weitere kommt dann wie von selbst. Der Touristenführer übergab mir die Visitenkarte einer gewissen Frau Bürstnerová, drehte sich um und verließ gemessenen Schrittes den Platz. Ich fragte nach, ich lief ihm hinterher, ich zog an seinem Gehrock, ich flehte ihn an, das konnte doch nicht alles gewesen sein, Hochs und Tiefs, ich stehe doch zwecklos da, rief ich, aber er schaute sich gar nicht mehr um, er streifte elegant und sachte meine Hand ab, und irgendwann konnte ich nicht weiter, ich wusste ja schon zu dieser frühen Phase meiner Prager Seelenversuche, dass es nichts brachte, mehr als das absolut Notwendige herausfinden zu wollen.

Ich fand mich also am nächsten Tag bei Frau Bürstnerová ein und erhielt meine erste Tschechischlektion. Ich bin, du bist, er ist, freut mich, und so weiter. Ich konnte mir kaum vorstellen, dass Frau Bürstnerová, eine sehr patente und zu Scherzen aufgelegte Frau mittleren Alters, die aber auch streng mit mir sein konnte, wenn es darauf ankam, mit dieser bizarren »Organisation« unter einer Decke steckte. Immer wenn ich sie nach der »Organisation« fragte, lachte sie nur verschmitzt und sagte Dinge wie: Manche Dinge zwischen Himmel und Erde weiß noch nicht mal Ihre Tschechischlehrerin, oder: Wenn Sie mir die Frage in perfektem Tschechisch stellen können, dann gebe ich Ihnen vielleicht eine Antwort, oder: Es tut mir sehr leid, das Deutsche ist nicht meine Muttersprache, und ich verstehe nicht, was Sie meinen. Bemerkenswert war tatsächlich, wie schnell die neuen Anweisungen der »Organisation« wirkten: Mit der Sprache veränderte auch ich mich, und sobald ich mich veränderte, veränderte sich auch die Stadt: Zuerst war ich ein Tourist gewesen, aus dem Touristen wurde ein dauerhafter Gast – und plötzlich gehörte ich dazu, nicht voll und ganz, aber doch irgendwie. Als hätte jetzt wirklich ein neues Leben begonnen, ging ich in Kneipen, in die ich mich vorher nicht getraut hatte, sprach ich mit meinen wenigen Brocken Tschechisch wahllos Menschen an, kaufte ich mir Fahrkarten und machte Ausflüge, konnte ich bald schon nicht mehr verstehen, was für ein Pragsüchtiger mit eingeschränktem Blickfeld ich noch vor Wochen gewesen war: Süchtig nach einem Prag der Abziehbilder, nach einem Prag der Pflastersteine, nach einem Prag, das es zwar mal gegeben hatte, das aber jetzt nur noch in Form von Touristenführern mit Backenbärten, Zylindern, Monokeln und Spazierstöcken weiterlebte. Es gab Hochs, richtige Hochs. Beispielsweise, als ich zum ersten Mal ein Gespräch in der neuen Sprache geführt hatte, es mir zumindest so vorgekommen war. Oder als ich das erste Mal einen tschechischen Witz hörte und auch zu verstehen glaubte. Oder als ich in der Lage war, in der Bäckerei ein süßes Teilchen zu bestellen – dass ich dennoch ein belegtes Hörnchen anstelle des Plundergebäcks bekam, konnte meine Euphorie kaum bremsen. Ich verliebte mich selbstverständlich unglücklich, und nirgendwo war das unglückliche Verliebtsein so herzzerreißend wie in Prag.

Erste wahre Erkenntnis der Seelenkunde, notierte ich mir an einem besonders schwachen Abend: Nirgendwo sind Glück und Unglück so pur, so ungepanscht, so unerbittlich wie hier. Frau Bürstnerová tröstete mich Woche für Woche mit Kaffee und Kuchen und Keksen, und selbst die tschechische Grammatik konnte mich nicht brechen. Irgendwann wusste ich, dass zumindest diese Aufgabe bewältigt war. Und ich hatte mich redlich bemüht, mich hineingestürzt in dieses wunderliche Prag, meine Aufgabe sehr ernst genommen, und dann wachte ich eben morgens auf dem Rücken liegend auf und fühlte mich wie verwandelt: Ich war nicht mehr verliebt in diese Stadt. Zumindest das war, im Gegensatz zu meinen sonstigen Verliebtheiten, etwas wirklich Festes geworden.

Das Schwejk-Syndrom.

Ein tschechischer Traum, ein tschechisches Trauma

Greifen wir beherzt in die tschechische Gegenwart hinein und schauen wir, was wir zu fassen bekommen. Mit etwas Glück ist es: ein Stück Stoff. Nein, mehr als das, es ist tatsächlich: eine rote Unterhose! Und die hat sehr viel mit dem braven Soldaten Schwejk zu tun, auch wenn das im ersten Augenblick schwer zu glauben ist. Die Verwicklung mit der Unterhose begann im Jahr 2015, und zwar mit einer listigen und gewieften Aktion: Aus Protest gegen die Politik des polarisierenden wie populistischen Staatspräsidenten Miloš Zeman hatte sich die Künstlergruppe »Ztohoven« in Verkleidung von Schornsteinfegern an einem Wochenende unerkannt Zugang zur Prager Burg verschafft, dem Sitz des Präsidenten. Es war ihnen gelungen, die Präsidentenstandarte einzuholen und zu stehlen, die sie später in mehr als tausend Stücke zerschneiden und diese per Zufallsprinzip an ebenso viele Prager Haushalte verschicken würden. Anstelle der Standarte des Staatsoberhaupts hissten die Aktivisten von »Ztohoven« überdimensionale rote Boxershorts: als Protest gegen einen Präsidenten, der sich für nichts schämt, dem gar nichts mehr peinlich ist. So schwejkhaft, so schlau – doch war die Angelegenheit damit noch lange nicht erledigt: Der Sprecher des Präsidenten bemühte Vergleiche mit der Nazi-Zeit und nannte die künstlerische Intervention eine »Schweinerei«, Beamte mussten ihren Posten räumen, weil offenkundig die präsidialen Sicherheitsmechanismen auf der Prager Burg nicht gegriffen hatten – und Miloš Zeman? Der zeigte eine ebenso verspätete wie unsouveräne Reaktion: Der tschechische Staatspräsident verbrannte die roten Boxershorts 2018 öffentlichkeitswirksam im Garten seines Amtssitzes. Sollte man noch erwähnen, dass der Präsident zu diesem Zweck extra eine Pressekonferenz einberufen hatte, über deren möglicherweise staatstragendes Thema im Vorfeld wüst spekuliert wurde? Und ist es vor diesem Hintergrund verwunderlich, dass der ganze Vorgang der Unterhosenverbrennung live im tschechischen Fernsehen übertragen wurde?

So komisch das alles auch ist, die Unterhosenfarce eignet sich bestens, um zu beschreiben, was das »Schwejk-Syndrom« ausmacht. Auf der einen Seite ist da die Gewitztheit, die Fähigkeit, aus einer Ohnmacht heraus aktiv zu werden und die Starken, Oberen und Mächtigen zu narren. Auf der anderen Seite wird fast alles zur Anekdote, besteht somit die Gefahr, dass man gar nichts mehr ernst nimmt – und dass die Schwejk'schen Methoden auch für unlautere Zwecke benutzt werden.

Wenn man von Tschechien spricht, dann gehört der Schwejk einfach dazu – das ist ein ungeschriebenes Gesetz, das ist Wohl und Wehe zugleich, das ist ein Klischee und oftmals gar nicht so weit von der Wirklichkeit entfernt, das ist Traum und Trauma im selben Augenblick, ausgelöst durch eine Figur, die ambivalenter ist, als man zuerst annimmt. Zwar handelt es sich beim »braven Soldaten Schwejk« keineswegs um eine ausschließlich autobiographisch geprägte Figur, dennoch ist dieser Josef Schwejk eng mit seinem Schöpfer verbunden: Jaroslav Hašek wurde 1883 in Prag geboren und hatte wenig Zeit, eine Legende zu werden. Auch seinem exzessiven Lebensstil war geschuldet, dass er bereits 1923 verstarb – erkrankt an einer Tuberkulose, die er sich im Ersten Weltkrieg zugezogen hatte, zugleich gebeutelt vom extremen Alkoholkonsum. Antonín Brousek, der Übersetzer und Herausgeber der großen Neuübertragung ins Deutsche aus dem Jahr 2014, beschreibt das zügellose Leben des Autors in seinem Nachwort zu »Die Abenteuer des guten Soldaten Švejk« sehr eindringlich: »Wie Arztberichte zeigen, bewältigte er bis zu fünfunddreißig ›Halbe‹, also siebzehneinhalb Liter Bier am Tag. Nicht umsonst hatte er ständig Ärger mit der Polizei. So wurde er häufig verhaftet, weil er durch Lärm die öffentliche Ordnung gestört, in der Öffentlichkeit uriniert, Bäume beschädigt, Laternen angezündet oder Polizisten geschlagen haben soll.«[26]

Dass Hašek nicht mit Geld umgehen konnte und sofort alles ausgab, was er in die Hände bekam – geschenkt. Wie er dieses Geld aber verdiente, das klingt nach einem absurden Kneipenmärchen, wie es tschechischer kaum sein könnte: Hašek wurde durch Vermittlung eines Freundes zum Redakteur von »Die Welt der Tiere«, einer bis dahin anerkannten Zeitschrift – doch dann kam der Schriftsteller, der die meisten seiner Texte trinkend in der Bierstube oder im Kaffeehaus verfasste: Lauter fiktiven Unfug verzapfte und veröffentlichte Jaroslav Hašek, er vermeldete den Fund einer Riesenkaninchenart am Südpol, schilderte die alkoholischen Gewohnheiten von Papageien und zeichnete ebenfalls verantwortlich für die atemberaubende Entdeckung eines Urzeitflohs. Nachdem sich Experten beschwerten und der Ruf der Zeitschrift ruiniert war, widmete sich der Autor einem nicht weniger kreativen Brotberuf und verkaufte geklaute Hunde, selbstverständlich mit von ihm eigenhändig gefälschtem Stammbaum. Das macht übrigens auch der gute Soldat Schwejk, und er ist – wie sein Schöpfer – erfolgreich in seinem dilettantischen Tun: »Der Bernhardiner war eine Mischung aus einem nicht reinrassigen Pudel und einem Straßenköter, der Foxterrier hatte die Ohren eines Dackels und die Größe eines Metzgerhundes mit so krummen Läufen, als ob er die englische Krankheit durchgemacht hätte. Der Leonberger erinnerte mit seinem zottigen Kopf an einen Stallpinscher, hatte einen kupierten Schwanz, die Höhe eines Dackels und ein nacktes Hinterteil, wie die bekannten amerikanischen Nackthunde.«[27] Die Episode mit dem Hundeverkauf ist erst der Auftakt zu den Abenteuern von Schwejk – vorher hat man allerdings schon erlebt, wie er Gerichte und Irrenhäuser und ganze Beamtenscharen auf wenigen Seiten in den Wahnsinn treibt.

So geht das im Grunde immer weiter: Der von Hašek zu Lebzeiten unvollendete Schelmenroman mit Schwejk als Protagonisten erzählt eine vor dem Hintergrund der Zeit nicht unübliche Geschichte. Franz Ferdinand, der Thronfolger Österreich-Ungarns, wird 1914 in Sarajevo ermordet – ein Attentat, das zum Ausbruch des Ersten Weltkriegs führen sollte. Und Schwejk gelingt es von der ersten Sekunde an, Teil der großen Weltgeschichte zu werden – nur eben auf seine ganz eigene Art und Weise. Er diskutiert mit einem Kneipenwirt über das Attentat, wird von einem lauschenden Geheimpolizisten verhaftet, schließlich verhört und gemustert, landet einstweilen aber zunächst bei einem Militärgeistlichen als Diener, der ungehemmt dem Alkohol und allen anderen Obsessionen frönt, zieht irgendwann doch noch in den Krieg, trägt später gar aus Neugierde eine russische Uniform und wechselt kurzzeitig versehentlich die Seite oder auch nicht – vor allem aber redet er und redet er und redet er und schafft es wieder und wieder, sich ausgerechnet durch geradezu autistischen Gehorsam und sture Befehlshörigkeit aus kritischen Situationen zu retten. Ja, Hašek selbst hat sie erlebt, die Willkür und den Wahnsinn des Krieges, über all das schreibt er auch im Schwejk – nur gibt er seinem Helden ganz spezielle und ganz unscheinbare Fähigkeiten mit auf den Weg. Im Grunde sind sie nämlich alle wehrlos, die Vorgesetzten und die Mächtigen und diejenigen, die sich für besonders schlau halten, gegen einen Schwejk ist schlichtweg kein Kraut gewachsen: Begegnet man ihm mit Hochmut oder gar mit Zorn, dann reagiert er schulterzuckend, devot und einsichtig, geradezu idiotisch mitunter – doch sollte man eben nicht den Fehler machen, ihn zu unterschätzen: Schwejk ist einen Schritt weiter, er ist unberechenbar, er weiß, wie man sich retten kann, sei es, indem man einfach so lange auf das Gegenüber einredet, bis der Rivale schlichtweg resigniert, sei es, indem Schwejk Befehle ganz wörtlich nimmt und aus seiner vordergründig unterwürfigen Ohnmachtshaltung seine ihm eigene stille Macht schöpft.

Dieser gute Soldat ist ein durchaus komplexer Charakter, der sich zu helfen weiß – dass dabei immer wieder brüllend komische Szenen entstehen, die auf ikonographische Weise in die Weltliteratur eingegangen sind, ist wenig verwunderlich angesichts der verschrobenen Radikalität des Herrn Schwejk. Der tschechische Künstler Josef Lada hat mit seinen Illustrationen des Romans zu dieser globalen Berühmtheit beigetragen: Das

Antlitz von Schwejk in Ladas Interpretation findet sich bis heute auf den Schildern und auf den Speisekarten von Kneipen, die sich nach diesem böhmischen Antihelden schlechthin benannt haben – und davon gibt es unzählige Lokale in Prag und anderswo. Auf einem von Ladas Bildern ist vielleicht all das zusammengefasst, was den Schwejk ausmacht: Dort sitzt er mit erhobenen Gehstöcken und aufgerissenem Mund im Rollstuhl und wird von einer alten Dame geschoben. Man könnte sogar von einer Urszene sprechen. Zu Beginn seiner Abenteuer begeistert sich Josef Schwejk für den Krieg, er tut zumindest so aus strategischen Gründen, aber das ist schon eindeutig eine böswillige Interpretation. Jedenfalls leidet unser Held ganz offensichtlich an schwerem Rheuma – also muss er sich wohl oder übel in den Krieg schieben lassen:

»Und so konnte man an jenem denkwürdigen Tage auf den Prager Straßen einen Fall anrührender Loyalität erblicken: Eine alte Frau schob vor sich einen Rollstuhl, in welchem ein Mann saß, der eine Militärmütze mit blank geputztem Franzl trug, während er dabei mit seinen Krücken winkte. An seinem Rock glänzte ein farbenfrohes Rekrutensträußchen. Und dieser Mann, immer und immer wieder mit seinen Krücken winkend, brüllte in die Prager Straßen hinein: ›Auf nach Belgrad, auf nach Belgrad!‹«[28] Natürlich entgeht es der Prager Bevölkerung nicht, was da auf den Straßen passiert: Zuerst folgen dem Rollstuhl mit dem zum Militär einrückenden Schwejk nur wenige Leute, doch schnell ist es eine ganze Menschenmenge, Polizisten salutieren ihm, und auf dem Wenzelsplatz hat Schwejk schon viele hundert Begeisterte hinter sich gesammelt, ein skurriler Marsch für einen angehenden Soldaten im Rollstuhl, kein Wunder, dass sich die Tageszeitungen anschließend überschlagen und den »Patriotismus eines Krüppels« loben.

Seine Eulenspiegeleien haben den Anti-Kriegs-Schwejk im Laufe der vergangenen Jahrzehnte nicht nur berühmt gemacht, sondern natürlich auch Klischees über tschechische Eigenarten gefördert: der ewige Humor, der ständige Versuch, sich und die Welt nicht ganz ernst zu nehmen, natürlich auch die Gewitztheit und Klugheit, um sich einen Vorteil zu verschaffen. »Zehn Millionen Schwejks« ist der Titel eines längst vergriffenen Buches, das sich mit dem anekdotischen Humor der Tschechinnen und Tschechen beschäftigt – und im Titel ist natürlich all das enthalten, was das Schwejk-Syndrom so ambivalent macht. Einerseits ist das doch ein Traum: Wir befinden uns in einem kleinen Land in Mitteleuropa, dem es dennoch aufs Schwejkhafteste gelingt, über die Jahrhunderte immer wieder die Macht der Mächtigeren auszuhalten, vielleicht nicht ständig mit offenem Widerstand, aber letztlich doch erfolgreich, man denke nur an die Samtene Revolution des Jahres 1989. Andererseits kann das natürlich auch ein Trauma bedeuten – das bekommt man heraus, wenn man sich mit jungen Kulturschaffenden unterhält: Die ganze Welt glaubt doch eh, sagte mal fast resigniert eine Freundin zu mir, dass wir alle ein riesiger Schwejk sind. Und so unernst möchte man aus nachvollziehbaren Gründen natürlich auch nicht gesehen werden. Die Wahrheit liegt wahrscheinlich irgendwo dazwischen. Denn immerhin, zumindest literarisch hat Schwejk das Schreiben vieler Autorinnen und Autoren beeinflusst. Die Art des Erzählens beispielsweise. Aber natürlich auch die Möglichkeit, die schlimmsten Dinge im Leben aus einer erträglichen Perspektive zu schildern. Ich würde sogar behaupten, dass es ohne Hašek und seinen guten Soldaten einige nachfolgende Helden der tschechischen Kulturgeschichte zumindest so nie gegeben hätte.

Ganz wichtig hierbei ist beispielsweise eine Figur wie Jára Cimrman: 1966 tauchte diese fiktive Figur erstmals im Radio auf – und entwickelte sich in verschiedenen Formen zu einem Widerstandskämpfer in Zeiten des Kommunismus, dessen Widerstand aber ohne jeden Kampf stattfand: Cimrman, ein fiktiver Erfinder, den die Theatermacher Ladislav Smoljak und Zdeněk Svěrák erschufen, hatte im Leben immer sehr viel Pech: Er erdachte den Eiffelturm, erfand das Dynamit, war maßgeblicher Urheber des Internets und komponierte die größten Werke der Klassik – nur heimsten immer andere große Geister Lob, Ruhm und Ehre ein, weil Cimrman stets zu spät kam, um für seine Erfindungen das Patent anzumelden. In Theaterstücken konnte man dem Leben Cimrmans folgen – die versteckte Kritik am Regime verstanden die tschechoslowakischen Kulturzensoren nicht. Bis heute, auch nach dem Ende des Sozialismus, ist ein real existierendes Theater nach ihm benannt, kann man die Abenteuer des guten Genies Cimrman mitverfolgen. Übrigens, und das ist keine Erfindung, wie sie Hašek für eine naturwissenschaftliche Publikation hätte machen können: Nach Jára Cimrman sind nicht nur Straßen und ein Asteroid benannt, sondern auch ein Skorpion, der überwiegend in Thailand und in Vietnam verbreitet ist.

Aber wie halten sie es denn jetzt mit ihrem Schwejk, die Tschechinnen und Tschechen? Die Verehrung für die literarische Figur und ihren Schöpfer scheint ungebrochen zu sein.

Zeitgenössische Schriftsteller wie Jaroslav Rudiš lieben den Schwejk jedenfalls von ganzem Herzen. Rudiš hat seine Zuneigung zum guten Soldaten nicht nur in seinen Büchern indirekt immer wieder zum Ausdruck gebracht, in der Neuübersetzung aus dem Jahr 2014 setzt er dem Schwejk mit einer literarischen Pilgerreise ein Denkmal. So erklärt Rudiš beispielsweise, dass sein Vater ohne den Schwejk gar nicht einschlafen kann, dass das Buch immer griffbereit auf dem Nachttisch liegt: »Dieser Roman ist Vaters Bibel. Er liest ihn in einem fort.«[29] Und auch er selbst treibt es weit mit der Würdigung: Sogar in den Ort reist er, wo Jaroslav Hašek die letzten zwei Jahre seines Lebens verbrachte. Dort, in Lipnice nad Sázavou, bringt Rudiš dem Schöpfer des Schwejk eine Flasche Bier, öffnet sie – und stellt sie ihm aufs Grab.

Bleibt am Schluss immer noch die Frage: Wohl oder Wehe, Traum oder Trauma? Vielleicht hat Jaroslav Rudiš eine ganz gute Antwort darauf, wenn er seinen Vater zitiert, der das Buch auf dem Nachttisch liegen hat und Tag für Tag Zeit mit dem Soldaten verbringt: »Švejk ist ein Genie und ein Depp. In jedem von uns Tschechen steckt vielleicht ein Stück von einem Genie und von einem Deppen.«[30] Da fällt mir ein: Mit der Unterhose haben wir angefangen, also hören wir auch mit der Unterhose auf – und zwar geradezu versöhnlich. Denn Staatspräsident Zeman hatte mit seiner bizarren Aktion und der öffentlichen Verbrennung der Unterwäsche nicht das letzte Wort – das hatte vielmehr die tschechische Umweltbehörde. Die erteilte für die Aktion nachträglich nämlich eine »Ermahnung« – weil laut Gesetz auf offenen Feuerstellen nur Pflanzenmaterialien verbrannt werden dürfen und selbstverständlich keine roten Boxershorts.

Molche, Meerschweinchen und Menschen.

Eine kleine politische Fabelkunde

Viel Hoffnung gibt es wirklich nicht mehr für uns. Aber das haben wir uns auch selbst eingebrockt. Immerhin, das Mitleid des Autors ist uns sicher: »Ich bitte dich, wie sollte mir die Menschheit nicht leidtun? Aber am meisten tat sie mir leid, als ich sah, wie sie sich selbst mit aller Gewalt in dieses Verderben gestürzt hat. Man könnte schreien, wenn man so zuschaut. Schreien und die Arme heben, wie wenn man sieht, dass ein Zug auf das falsche Gleis fährt.«[31]

Auch wenn es sich so anhört: Das mitfühlende wie triste Resümee ist keine gegenwärtige Analyse des politischen und ökologischen Status quo unserer Zeit – diese Gedanken stammen bereits aus dem Jahr 1936. Karel Čapek formulierte sie am Ende seines Romans »Der Krieg mit den Molchen« in einem Selbstgespräch des Autors am Schluss des Buches. Der Autor, geboren 1890 und gestorben 1938, ist nach wie vor einer der berühmtesten Schriftsteller seines Landes. Eine seiner Leistungen, die ihn über Tschechien hinaus bekannt gemacht hat und die wohl auch in etlichen Jahrhunderten noch als erzählenswerte Anekdote kursieren wird: Čapek hat das Wort »Roboter« erfunden, und zwar in seinem häufig gespielten Theaterstück »R. U. R.« aus dem Jahr 1920 – von wo aus es in viele Sprachen der Welt übergegangen und gebräuchlich geworden ist. Dass Čapek mit dem Gründer und ersten Präsidenten der Tschechoslowakischen Republik Tomáš Garrigue Masaryk, selbst im Übrigen Philosoph und Schriftsteller, eng verbunden war, dass er den Kommunismus einerseits und natürlich auch den Nationalsozialismus auf der anderen Seite ablehnte, dass er die Gegenwart scharf beobachtete und sie so offen wie schonungslos beschrieb, dass ihm das mitunter so leichthändig und mit subtilem Humor gelang, all das macht sein Werk so universell, so aktuell auch für die heutige Zeit.

Schaut man sich die teils haarsträubende politische Entwicklung in Tschechien oder in Europa insgesamt an, dann kann man ein Buch wie »Der Krieg mit den Molchen« in der Tat als kleine politische Fabelkunde lesen, die mehr von Menschen handelt als von Amphibien. Antonín Brousek zitiert in seinem Nachwort zu »Der Krieg mit den Molchen« einen Rundfunkvortrag Čapeks, der das Buch von vornherein aus dem Genre der reinen Science-Fiction befreit: »Nein, dies ist keine Utopie, sondern pure Gegenwart. Dies ist kein Spekulieren über die Zukunft, sondern ganz einfach die Widerspiegelung dessen, was es hier und heute gibt und wo wir mittendrin stecken.«[32]

Man kann, man muss »Der Krieg mit den Molchen« natürlich vor dem Hintergrund des bevorstehenden Zweiten Weltkriegs und der immer mächtiger werdenden Nationalsozialisten lesen – und somit als furchtbare Geschichte darüber, wie Eroberung und Unterdrückung im Kern funktionieren. Die Geschichte mag nach fantastischer Literatur klingen, kippt aber alsbald in eine Geschichte über knallharten Handel: Seit vielen Jahrzehnten ist Kapitän van Toch auf den Weltmeeren unterwegs, bis er auf einer Expedition vor Sumatra auf Amphibien stößt. Menschenähnliche Tiere, äußerst fleißig obendrein, was den Kapitän dazu bewegt, zusammen mit einem Jugendfreund ein riesiges Geschäft mit ihnen auf die Beine zu stellen: Die Molche werden ausgebeutet als – im wahrsten Sinne des Wortes – preiswerte Arbeitstiere, vermehren sich zugleich explosionsartig, erlangen auf ihre Art sogar Macht – und bekommen mehr und mehr all die schlechten Eigenschaften der Menschen mit auf den Weg, die man einem Tier nicht wünschen kann. Die Vertreibung aus dem Paradies endet irgendwann zwangsläufig im Krieg. Ein vor lauter Einfällen überbordender Roman, der verschiedene Genres wild miteinander kombiniert, ein durchdachtes und doppelbödiges Buch, das auch nach so vielen Jahrzehnten nicht an Modernität eingebüßt hat.

Gleiches gilt auch für einen tschechischen Roman aus der weiten Welt der Fabeln, der zu einer anderen Zeit und vor einem anderen Hintergrund entstanden ist, gänzlich anders funktioniert – und dennoch auf erstaunlich ähnliche Weise politische Verwerfungen in den Blick nimmt. Die Hauptakteure sind in diesem Fall keine Amphibien, sondern gänzlich stumme Säugetiere, die von der Größe her zwar nicht mithalten können mit Molchen, dafür aber auch die Welt der Menschen auf den Kopf stellen: »Die Meerschweinchen« von Ludvík Vaculík ist ein irrsinnig komisches, irrsinnig trauriges und irrsinnig irritierendes Buch aus dem Jahr 1973. Der Angestellte einer kafkaesken wie korrupten Staatsbank schenkt seinen Kindern ein Meerschweinchen zu Weihnachten – es dauert nicht lange, und er ist selbst vollkommen beseelt und besessen von dem Haustier und von seinen Artgenossen, führt teils liebevolle und teils bösartige Experimente mit ihm durch – und entdeckt in der direkten Betrachtung des Meerschweinchens ein bizarres Mittel gegen seine Panik, wo ganz nebenbei das Land von einer heftigen Wirtschaftskrise bedroht zu sein scheint: »Der tägliche Anblick des Meerschweinchens trug auch dazu bei, dass ich mich grundlos beruhigte und meine Angst erlahmte. Ein Meerschweinchen sitzt, futtert Heu, knabbert Körner, dreht sich hüpfend um, vibriert mit der Nase, und zwar seit Menschengedenken.«[33]

Ludvík Vaculík, 1926 geboren und 2015 verstorben, ist seinem Schriftstellerkollegen Karel Čapek aus der Generation davor nicht nur in Bezug auf die tierische Parabel nah: Beide vertraten beim Schreiben geradezu furchtlos ihre Meinung, äußerten schonungslos ihre Kritik und ihre Befürchtungen in Bezug auf das bestehende System. Für Karel Čapek hatte das zur Nazi-Zeit ebenso schwere Konsequenzen wie für Ludvík Vaculík zur Zeit der Kommunisten: Bis 1989 machte das Regime ihm das Leben schwer. Doch immerhin, trotz des staatlichen Drucks leistete Ludvík Vaculík bis zur Samtenen Revolution immens wichtige Beiträge zur gesellschaftlichen und literarischen Entwicklung in der Tschechoslowakei. Er gründete den legendären Samisdat-Verlag »Edice Petlice«, in welchem insgesamt rund vierhundert Publikationen verbotener Autorinnen und Autoren erscheinen konnten, war eines der Gründungsmitglieder der »Charta 77« und zuvor im Jahr 1968 Verfasser vom »Manifest der 2000 Worte«, einem der wichtigsten Dokumente zur Zeit des Prager Frühlings. Ein flammender Aufruf zur Freiheit, ein Appell zu weiteren Reformen – in dem sich aber schon die Sorge ausdrückt, dass das politische Tauwetter bald ein Ende haben könnte. Eine Befürchtung, die sich durch den Einmarsch der Truppen des »Warschauer Pakts« und der Niederschlagung des »Prager Frühlings« in aller Härte bestätigen sollte. Kein Wunder, dass »Die Meerschweinchen« aus dem Jahr 1973 ein anspielungsreiches und kunstvoll verklausuliertes Nachdenken über den politischen Stand der Dinge in der Tschechoslowakei darstellt.

Als der Bankangestellte fast am Schluss des Romans wieder mal ein neues Meerschweinchen bei sich daheim in die Meerschweinchengemeinschaft eingliedert, ein rostrotes Tier diesmal, da klingt seine Reflexion vor dem Hintergrund der realen politischen Ereignisse in der Tschechoslowakei durchaus ebenso bitter wie ironisch: »Das rostrote Meerschweinchen, ans Kollektiv gewöhnt, versteht es, sich darin gemäß seines Alters und seines Ranges zu bewegen, mit der klaren Perspektive, dass sich später alles zum Bessern wenden wird, wenn seine Zähnchen und sein Gemächte ein wenig größer werden.«[34]

Ob man jetzt Čapeks Amphibien oder Vaculíks Nagetiere bevorzugt: Die Realität holt die vor Jahrzehnten geschriebenen animalischen Fiktionen so oder so tagtäglich ein. Beispielsweise führte ausgerechnet ein Storchennest im Jahr 2018 zu einer Regierungskrise und zu großen Protesten in Tschechien, die sich gegen die Politik des populistischen Milliardärs und Premierministers Andrej Babiš richteten. Ausgerechnet der überzeugte EU-Skeptiker soll von Millionen an Subventionen durch die Europäische Union profitiert haben – für ein Wellness-Ressort namens »Storchennest«, dessen Besitzverhältnisse der Politiker angeblich in betrügerischer Absicht verschleiert hatte. Dass Babiš natürlich in seinem politischen Programm besonders für Transparenz und gegen Korruption eintrat, ist nur eine Fußnote der absurden Storchennest-Story, die durchaus das Potential für eine politische Fabelkunde der Gegenwart hätte. So steht am Ende aller tierischen Parabeln meist die Moral, manchmal aber eben auch die Ratlosigkeit – wenn beispielsweise der Autor im Selbstgespräch die Geschichte der Menschheit in Karel Čapeks »Der Krieg mit den Molchen« neu schreibt, letztlich aber doch auf die Frage nach dem »Und weiter?« nur noch antworten kann mit: »... Weiter weiß ich nicht mehr.«[35]

Mit Golem-Tours durch Prag.

Verzauberung durch Entzauberung

Wir müssen die Magie ja nicht gleich vom Tisch fegen. Natürlich ist da schon was dran. Liest man beispielsweise die berühmten »Kleinseitner Geschichten« von Jan Neruda, erstmals publiziert im Jahr 1878, dann kommt man dem historisch-magischen Ideal der Stadt schon sehr nahe: Das alte Prag erblüht vor unseren Augen. Die Gassen auf der Kleinseite sind schmal, verwinkelt und auch eine Spur geheimnisvoll, und bei Neruda warten hinter jeder Straßenecke skurrile Geschichten und traurige wie schrullige Figuren: Ein Bewohner der pittoresken Seite der Stadt, auf der sich auch die Prager Burg befindet, beklagt bei jedem Aussichtspunkt das Fehlen des Meers, ein kleiner Junge lässt sich absichtlich im Veitsdom einschließen, bizarre Leichenzüge und makabre Totentänze wabern durch die Texte, die alle Kriterien des wortwörtlich Magischen erfüllen: Wir sind in einer kulissenhaft-prachtvollen Stadtumgebung, die Realität ist zwar vorhanden, aber dennoch scheint das Erzählte ganz leicht aus der Wirklichkeit zu gleiten – und natürlich sind da der schwarze Humor und ein gewisses Unbehagen, das Unheimliche, das im Nebel bleibt, was ebenfalls zum Klischee der sogenannten magischen Stadt gehört.

Jan Neruda ist nur einer der Autoren, die ich dem Genre der magischen Literatur zurechnen würde, auch einige Vertreter der sogenannten Prager deutschen Literatur gehören dazu. Der 1896 geborene Johannes Urzidil mit seinem Roman »Die verlorene Geliebte« nimmt Prag dabei ebenso in den Blick wie »Nachts unter der steinernen Brücke« von Leo Perutz, Jahrgang 1882, dessen Handlung sich zwischen der Prager Josefstadt und der Prager Burg abspielt. Gerade bei Perutz ist dann auch ein wichtiges Stilmittel der, nennen wir sie mal magischen Prager Schule besonders ausgeprägt: ein beständiges Schweben, als würde selbst ein ansonsten realistischer Text stets mit einer Handbreit Abstand über dem Boden erzählt, als würde die Geschichte dahin wehen, als wäre unser ganzes Sein nur auf den dünnen Brettern unserer Wahrnehmung provisorisch festgenagelt – und mitunter reicht ein kleiner Blick nach links, reicht ein kleiner Blick nach rechts, und die Welt gleitet uns aus den Händen, oder besser – wir entgleiten der Welt. Wenn wir schon bei einer unvollständigen Aufzählung der literarischen Prag-Verzauberung sind: Selbstverständlich hat Gustav Meyrink, geboren 1868, den vielleicht entscheidendsten Beitrag dazu geleistet, dass sich das mystische Prag der Geheimnisse und Legenden hartnäckig in den Reiseführern hält, dass immer noch Scharen von Touristinnen und Touristen auf den Augenblick warten, in dem sich auf der Karlsbrücke der Mond im Straßenpflaster spiegelt oder sich ganz kurz ein Fabelwesen aus Lehm blicken lässt. Meyrink schrieb mit »Der Golem« einen Fortsetzungsroman, der 1913 und 1914 erschien und zu einem Meilenstein der fantastischen Literatur wurde. Jener Golem, wohl vom Rabbi Löw viele hundert Jahre zuvor am Ufer der Moldau aus Lehm geschaffen, taucht angeblich alle dreiunddreißig Jahre in Prag auf und wird zu einer fixen Idee des somnambulen Protagonisten. Und es gibt noch eine weitere Hauptfigur: die unheimliche Stadt Prag selbst. »Oft träumte mir, ich hätte diese Häuser belauscht in ihrem spukhaften Treiben und mit angstvollem Staunen erfahren, daß sie die heimlichen, eigentlichen Herren der Gasse seien, sich ihres Lebens und Fühlens entäußern und es wieder an sich ziehen können – es tagsüber den Bewohnern, die hier hausen, borgen, um es in kommender Nacht mit Wucherzinsen wieder zurückzufordern.«[36]

Das alles hat seinen Zaubergeist, das alles hat zur magischen Marke der Stadt beigetragen, und genau das ist das Problem: Die Zauberei an sich mag zwar nach wie vor eine kleine Sensation sein – etwas in die Jahre gekommen vielleicht, aber durchaus charmant –, nur ist es die ewige Wiederholung und Kommerzialisierung, die dem magischen und literarischen Prag schon längst ein rein machiavellistisches Prinzip übergestülpt hat. Golem-Tours fährt Sie gern, und zum Schluss gibt es zum vergünstigten Preis einen Schlüsselanhänger in Golemform aus echtem Golemlehm. Dass es mittlerweile allen Ernstes eine neunzigminütige Segwaytour durch die magische Prager Nacht gibt, selbstverständlich zu einer Uhrzeit, wo man die magischen Gässchen endlich mal für sich hat, ist kaum verwunderlich. Das alles ist durchschaubar, man kann sich distanzieren vom Kitsch und die billigen Zaubertricks enttarnen, die Entzauberung fällt ja leicht. Aber dennoch: Wenn man sich jenseits des touristischen Kurzzeitblickwinkels durch die Stadt bewegt, erwischt man sich sogar selbst dabei, wie man ausgerechnet auf dem Höhepunkt der Entzauberung paradoxerweise wieder Verzauberung betreibt.

Magisches Prag? Natürlich glaube ich nicht daran, aber irgendwie schweben an diesem nebligen Abend unter dem schummrigen Licht der Straßenlaternen dann doch winzige Partikel vom magischen Prager Sternenstaub in der Luft. Sollte das nur am Prunk der Gebäude liegen, an der Schönheit des Flusses, am Blick auf die Burg, so oft beschrieben und Tag und Nacht über allem thronend? Oder entsteht die Magie der Stadt – natürlich auch literarisch – eher doch durch die Menschen aus Fleisch und Blut, die sich durch sie hindurchbewegen?

Der 1923 in Palermo geborene und 1978 in Rom verstorbene Slawist Angelo Maria Ripellino hat sich dem Zauberthema auf mehreren hundert Seiten gewidmet. »Magisches Prag«, so heißt sein Essay, erschienen im Jahr 1973 – als er selbst schon nicht mehr nach Prag einreisen durfte, weil er gegen die Besetzung durch die Truppen des Warschauer Pakts 1968 protestiert hatte. So liest sich seine Hommage tatsächlich wie eine Beschwörung der alten Zeit, des Vergangenen, als das Zaubern noch geholfen hat.

Das ist der Teil der Magie, der epochenübergreifend funktioniert, der nicht an historische Darstellungs- oder aktuelle Erscheinungsformen von Prag geknüpft ist: Sehnsucht als Antrieb, die Stadt mit verzaubertem und verklärtem Blick zu sehen, sie zu überhöhen und zu idealisieren.

Das allerschönste Beispiel für dieses wirklich Magische, das die Stadt auszurichten imstande ist, liefert der Schriftsteller Joseph Roth, geboren 1894 und gestorben 1939. »Heimweh nach Prag«, so heißt nicht nur der Artikel, um den es uns hier geht, so ist gleich ein umfangreicher Band mit Texten benannt, die Joseph Roth allesamt für das »Prager Tagblatt« schrieb, das damals auch weit über Prag hinaus gelesen und wahrgenommen wurde: »Man braucht in Prag nicht ›verwurzelt‹ zu sein«, so schreibt Roth zu Beginn seiner Ausführungen zum Heimweh. »Es ist eine Heimat für Heimatlose. Sie hat keine Sentimentalität.«[37] Was folgt, ist ein großes Lamento über Berlin, die Stadt, in der Roth 1924 bei Erscheinen seines Heimweh-Artikels seit fünf Jahren lebt. Er träumt davon, »im Paß ein tschechoslowakisches Jahresvisum«[38] zu haben, und als wäre das nicht schon genug der verzauberten Verklärung, hebt er die Bewohnerinnen und Bewohner Prags gleich auch noch in den Himmel: »Sie haben alle Schmerzen gelitten, alle Freuden genossen, und weil sie nichts mehr überraschen kann, suchen sie keine Überraschungen. Sie sind Skeptiker, aber sie lieben ihr Leben, das Leben in Prag. Alle Stimmen der Geister, die in der Welt verstreut sind, gelangen konzentrisch nach Prag, denn alle Geister in der Welt stammen aus dieser Stadt, oder es war ein Irrtum der Schöpfung.«

So geschickt sich Joseph Roth vielleicht auch dem damals beliebten Prager Stilmittel der ironischen Überspitzung bedient, so sehr steht er mit seinem Heimweh in einer Tradition: Würde man in der Literatur nach Belegen suchen für tief empfundene und unerklärliche Zuneigung, meinetwegen auch Hassliebe, dann würde man, Prag betreffend, auf zahlreiche Autorinnen und Autoren stoßen, die allesamt im Innersten dann doch auch an das Prag des Zaubers glaubten. Man denke nur an Lenka Reinerová, die ihrer Heimatstadt trotz all der schlimmen Dinge, die sie dort erlebt hatte, niemals den Hauch des Bezaubernden abgesprochen hätte. Was aber in diesem Fall nicht bedeutet, dass sie nicht hart ins Gericht ging mit der touristischen Dauerübertreibung, im Gegenteil: Ihre Berichte schrieb sie ohne falsche Nostalgie, aber mit dem richtigen Maß an Nüchternheit. Entzauberung als Rettung? Um zu bewahren, was immer noch so ist, wie es war?

Wenn es noch einen handfesten Beweis dafür braucht, dass die Stadt die Seelen ihrer Besucherinnen und Besucher immer schon mit einem Fünkchen Magie verzaubert hat, dann findet man ihn ebenfalls bei Joseph Roth. Eigentlich wäre nämlich seine zauberhafte Liebeserklärung gar nicht so eine immens große Leistung, fern von Prag bekommt er halt Heimweh – nur ist es die stärkste und schlimmste und bedingungsloseste Art von Sehnsucht, von der Roth ganz offenkundig befallen ist. Ein Heimweh ohne Heimat – denn gelebt hat er in Prag nie, weder vor seinem Bekenntnis zur Stadt noch in den Jahren danach.

VIERTES BIER

Warten auf Kafka. Eine Nacht im Nonstop

Nonstops sind ja nicht nur Kneipen. Nonstops sind allerletzte Orte für die allerletzten Gestrandeten dieser großen Stadt. Und allererste Orte für irrsinnige Geschichten, die keiner sonst erzählt und keiner sonst hört. Der ideale Ausgangspunkt, wenn man gerade nicht mehr weiß, wie weiter. Vielleicht geht es in Wahrheit darum in den Prager Nonstops: dass man ausharrt. Bis der Mensch kommt, in den man sich Hals über Kopf verliebt. Bis der Hauptgewinn aus dem Spielautomaten rasselt. Bis man diese eine Idee hat, die das Leben von Grund auf umkrempelt. Ausharren, bis der Tag vergeht, bis der Abend vergeht, bis die Nacht vergeht. Bis man ins Bett kann, bis der unvermeidliche Kater kommt, bis man sich vornimmt, nie wieder in seinem ganzen Leben ins Nonstop zu gehen und nie wieder überhaupt einen Schluck Alkohol zu trinken.

Ich saß morgens immer noch an der Theke und harrte ebenfalls aus. Ich wartete schon drei große Biere lang, obwohl ich vorher schon genug getrunken hatte, draußen machte sich die Finsternis schon wieder vom Hof. Längst fuhren vor dem Schaufenster keine Nachttrams mehr vorbei, die nur aus einem Wagen bestehen – die Straßenbahnen trugen wieder ihre regulären Nummern, waren wieder länger, füllten sich nach und nach. Prag fuhr zur Arbeit, ich saß im Nonstop und wartete auf Doktor Franz Kafka. Daran war in dieser Zeit ganz und gar nichts Ungewöhnliches, solche Geschichten gehörten sogar zu meinem hart erarbeiteten Standard. Das Salz in der Suppe.

Was hatte sich die »Organisation« dabei eigentlich gedacht? Auch nach etlichen Wochen mit der neuen Mission wusste ich es noch nicht. Bislang hatte ich den Sinn aller Aufgaben verstanden, mittelbar oder unmittelbar war ersichtlich gewesen, was sie mit der Seele der Menschen zu tun hatten. Aber jetzt? Wie immer hatten sie mich auf ungewöhnlichstem Weg kontaktiert: Meine neue Aufgabe fand ich auf einem leeren Bierdeckel in der Kneipe notiert, er lehnte irgendwann an meinem Glas, als ich von der Toilette zurückkehrte. Nachfragen waren sinnlos, wie immer hatte niemand irgendwas oder irgendwen gesehen. »Gehen Sie nicht mehr nur in die Kneipe. Machen Sie den nächsten Schritt! Erforschen Sie intensiv, was es mit den Nonstops auf sich hat! Sie werden selbst merken, wann die Mission erledigt ist!« Mehr war nicht auf den Bierdeckel geschrieben, den ich gleich in meiner Hosentasche verschwinden ließ. Ja, was hatte es denn mit den Nonstops auf sich? Anrüchig konnte es nicht sein. Das würde die »Organisation«, der Inbegriff moralischer Integrität, mir nicht zumuten.

Nonstops waren Bars, die rund um die Uhr geöffnet hatten. Wenn überhaupt, dann hielt man sich nachts dort auf. Eine Nachtaufgabe also mal wieder, dachte ich, hätte ich einen Arbeitsvertrag mit der »Organisation« gehabt, dann hätte ich Zuschläge verlangt, dann hätte ich mir gewerkschaftlichen Beistand besorgt, denn bis zu jenem Morgen sollte es mich zermürben, ja, geradezu zersägen, dieses nonstopische Leben. Weil ich nicht wusste, was überhaupt von mir verlangt war, beschränkte ich mich in der ersten Zeit auf reine Feldforschung und vorsichtige Beobachtung. Nach einigen Nächten in verschiedenen Etablissements dieser Art konnte ich so immerhin schon relativ objektiv beschreiben, was es mit den Bars auf sich hatte: Von der Straße aus betrachtet lässt man sie in Unkenntnis ihrer magischen Anziehungskraft vielleicht links liegen, Nonstops haben ihre Schaufenster meist halb zugeklebt mit Werbung für diesen oder jenen Sportwettenanbieter, selbstverständlich sind die Scheiben staubig und schmutzig, selbstverständlich gibt es im ersten Augenblick nichts Einladendes, selbstverständlich ist die Eingangstür sogar meistens geschlossen, und man muss den Klingelknopf drücken, um nach kurzer Musterung durch einen idealerweise gleichgültigen Wirt eingelassen zu werden. Und dann tritt man ein in die Welt jenseits der Welt. Eine Welt, in der es nur das eine Bier in der Hand gibt und nicht das davor und nicht das danach. Eine Welt, in der das Gesicht sich im bunten Display des Automaten spiegelt, in dem man Kronenstück um Kronenstück versenkt. Eine Welt, aus der man irgendwann im Morgengrauen wieder ausgespuckt wird, bestenfalls lebendig, bestenfalls lächelnd, bestenfalls nicht mehr ganz so einsam wie zuvor.

Natürlich gibt es Nonstops auch anderswo auf der Welt. Solche Läden, in denen man manchmal auch vierundzwanzig Stunden am Stück sitzen und trinken und ein Stück Pizza oder zumindest einige Pommes essen kann, und ab und zu wird dann doch für eine Stunde zwischendurch geschlossen, weil die Reinigungskraft den Schmutz der Nacht vom Boden aufwischen und den Lappen voll von Schwermut über dem Eimer ausdrücken muss.

Nach zwei Wochen hatte ich mich an das nächtliche Leben gewöhnt, und es schliffen sich Routinen ein. Mit meinem x-ten Bier vor mir kam ich plötzlich auf die Idee, eine kühne Philosophie des Nonstops zu entwerfen, mit soziologischen Einordnungen und Tatsachenberichten und Ausflügen in Einsamkeit und Geselligkeit und geselliger Einsamkeit, mit vielen Fußnoten und Abschweifungen. Das Anfangskapitel sollte heißen: ERSTES BIER. Doch bevor ich weiter an meiner Philosophie arbeiten konnte, verlor ich die Lust und ging direkt über zum zweiten und vorerst letzten Kapitel meiner theoretischen Betrachtung: ERSTER SCHNAPS. Mit Daumen und Zeigefinger deutete ich dann in Richtung des Wirts die Größe eines Schnapsglases an, er nickte unbeteiligt und wie mit letzter Kraft und brachte mir den grünen Likör, den ich im richtigen Leben überhaupt nicht mochte, der mich sonst kaltließ, der nur hier im Nonstop seine Wirkung entfaltete.

Irgendwann war ein langer Monat vergangen. Die ewige Nachtschicht ging langsam an die Substanz, in etlichen Nonstops der Hauptstadt wurde ich schon halbwegs vertraulich gegrüßt. Ich kannte Stadt und Land mittlerweile, ich hatte mir in goldenen und weniger goldenen Gässchen die Nächte um die Ohren geschlagen, und erst jetzt nach dieser Erfahrung hatte ich begriffen, dass so eine Nonstop-Bar weit mehr als eine Kneipe darstellte: eine Institution, eine Instanz, eine Retterin in der Not, wo sonstige Hilfen versagen. Überhöhen wir die ganze Angelegenheit aber nicht allzu sehr, ganz objektiv und bei Tageslicht betrachtet sind die Nonstops in Prag und anderswo meist spelunkige Spelunken, in denen das Licht ganz automatisch schummerig wird, sobald man sie betritt. Erst in der Nacht entfalten sie ihre Poesie, erst in der Nacht lernte ich die Seele der letzten Kneipen kennen, die überhaupt noch Zuflucht boten. Wenn alle anderen

Lokale längst geschlossen haben, man selbst aber noch längst nicht schließen will.

Der Tag, als ich auf Kafka wartete, begann routiniert. Schon beim Aufwachen am Morgen war mir in aller Schärfe klar, wie es wieder enden würde: in aller Verschwommenheit. Ein üblicher Nonstop-Tag. Einerseits schob ich den mir gut bekannten nonstopischen Zustand meiner mangelnden Disziplin in die Schuhe – und natürlich der »Organisation«. Andererseits hatte es natürlich wie immer auch mit dieser Stadt hier zu tun: Ich neige zur Schwermut. Prag neigt zur Schwermut. Und an manchen Tagen, da schaukeln Prag und ich uns hoch, stacheln wir uns schon beim ersten Blinzeln gegenseitig an. Prag sagt: Guten Morgen, mein Lieber. Ich sage: Guten Morgen, mein liebes Prag. Prag sagt: Ach jo. Ich sage: Ach jo jo. Prag sagt: Ach jo jo jo. Ich sage: Ach jo jo jo jo. Partnerschaftliche Melancholie. Bleib noch eine Weile liegen, sage ich mir also an diesem Morgen, deine Knochen sind schwer, außerdem, wenn du frühstücken willst, dann brauchst du Milch für deinen Kaffee, aber bevor du Milch für deinen Kaffee kaufst, musst du dich rasieren, sonst traust du dich nicht unter Leute, nur hast du keinen Rasierschaum mehr im Haus, und deinen Rasierapparat hast du bei einem Wutanfall letzte Woche zertrümmert. Selbst in dem gammeligen Prager Kaffeehaus um die Ecke, wo allen dein nachlässig gepflegter Neuntagebart egal ist, willst du nach dieser ganzen Kaskade an Widrigkeiten nach dem Aufwachen nicht auftauchen, denn dazu müsstest du Tschechisch reden, und dafür hast du gerade keinen Nerv, würdest du dich noch mehr schämen als sonst. An einem Ach-jo-Tag ist einfach Hopfen und Malz verloren, und das lässt sich allerhöchstens durch Hopfen und Malz selbst ins Erträgliche wenden. Der

Tag an sich stellt also wie so oft nur die sehr ausgedehnte Ouvertüre für das große Spektakel eines späten Besuchs im Nonstop dar – dann erst hebt sich der Vorhang, dann erst kriechen die Nachtgestalten aus ihren unbehausten Behausungen, um das rund um die Uhr geöffnete Theater zu betreten, mit notorischen Augenringen und einer ganz kleinen Hoffnung auf das, was vielleicht kommt. Es könnte ja ganz groß sein.

Viele Stunden früher klingelte ich also, wartete auf den Türsummer und trat ein. Der Wirt sah mich mit ausdruckslosem Gesicht an, hob ein leeres Bierglas hoch, das er gerade abgespült hatte, und zeigte damit müde in meine Richtung. Ich nickte ebenso ermattet und stumm und setzte mich an einen Tisch am Rand des Lokals. Von hier aus konnte ich alles überblicken, die Jukebox neben dem Eingang, den von zwei Schwingtüren abgetrennten Raum mit den Spielautomaten, der an einen Saloon aus dem Wilden Westen erinnern soll. Wirft man eine Münze in einen der Automaten, dann peitschen Schüsse unverhältnismäßig laut durch das Nonstop, dann traben die Pferde mit ihren Cowboys los. An der Bar hingen wieder viele Jahre auf Bewährung zusammen. Drei Typen, deren Gesichter ich hier noch nie gesehen hatte. Mitgenommen von den leeren Gläsern, die vor ihnen standen. Einer murmelte mit auf die Brust gesunkenem Kinn und geschlossenen Augen sein Jesusmaria allein vor sich hin. Ein anderer starrte auf den Fernseher über der Bar, auf dem ein Musikvideo nach dem anderen lief, ganz ohne Ton. Und der Dritte machte immer wieder diese eine Bewegung, völlig selbstvergessen, er sah aus, als würde er eine Zigarette drehen und dann rauchen. Wenigstens das durfte er noch, und immerhin kam er überhaupt, denn das Rauchverbot hatte schon vielen Nonstops das Geschäft versaut.

Der Wirt brachte mir mein Bier, eine Spur zu reserviert und eine Spur zu genervt, aber das gehörte zum Spiel dazu. Er hatte mich schon unzählige Male hier gesehen, und eigentlich würde es mich nicht wundern, wenn er mich bei jedem Besuch erneut nach meinem Namen fragen würde. Eigentlich, denn selbstverständlich hatte er mich noch nie nach meinem Namen gefragt, selbstverständlich hatte er noch nie mehr als das zum Bestellen und Abkassieren Notwendige mit mir gesprochen. Vielleicht hatte er mich gern, vielleicht liebte er mich sogar wie seinen lange verlorenen Sohn, zumindest aber musste er mich einfach dafür mögen, dass ich mein Geld so oft zu ihm trug und noch dazu friedlich war und meistens still, er konnte mir seine Zuneigung nur noch nicht so richtig zeigen. Wenn ich sehr betrunken war, dann fragte ich ihn nach einer Zigarette, obwohl seine Antwort immer gleich ausfiel, schulterzuckend: Hab grad keine mehr. Was ihn nicht daran hinderte, alle Viertelstunde eine Zigarette vor der Tür seines Ladens zu qualmen. Vor dem Wirt sind alle gleich, das war mein Trost, ebenfalls noch nie hatte er einem anderen Gast eine Zigarette gewährt, und sie fragten ihn oft danach, das nenne ich nonstopische Gerechtigkeit.

Erst jetzt entdeckte ich Marek. Im Wilden Westen nebenan hatte er die Pferde wiehern lassen und wahrscheinlich seinen gesamten Tageslohn verspielt. Er winkte mir zu, bestellte zwei Kurze, zeigte auf mich und kam zum Tisch. Ich kannte ihn nicht gut, aber vor einigen Nächten hatte er mir freiwillig sein ganzes Leben erzählt und ich ihm freiwillig von meinem Prager Dasein. Das verband uns ab jetzt für immer. Eigentlich gab es keine Arbeit, die Marek noch nicht gemacht hatte: Er war Hausmeister in einem Jugendzentrum an der tschechisch-polnischen Grenze gewesen, er hatte einige Winter lang einen Lastkraftwagen mit

Weihnachtsbäumen quer durch ganz Deutschland kutschiert und die krummsten Fichten verkauft, er hatte sogar eine Zeit lang mal als Leibwächter gearbeitet und einige Prager Fernsehcelebritys bewacht, aber das war auch schon wieder eine Ewigkeit her. Später hatte er dann mal einen dubiosen Laden für Kräuterbedarf, arbeitete als Türsteher in einem Nachtclub und war zwischendurch im Urlaub, ja, das sagte er tatsächlich so und presste die Lippen zusammen. Er stellte mir den Schnaps hin, wir stießen an und tranken, Prost, Marek, und er: Prost. Und: Hast du noch ein bisschen Geld? Bei mir ist es etwas knapp. Klar, sagte ich und signalisierte dem Wirt, Mareks Getränke auf meine Rechnung zu schreiben. Der setzte sich jetzt erleichtert an meinen Tisch, glatzköpfig und muskulös, wie er nun mal war, und fragte so leise und mitfühlend wie möglich: Ist es schon wieder so weit? Ja, ist es. Du Armer, sagte er, legte seine schwere Hand kurz auf meine Hand und sagte: Schnaps? Sehr gern, antwortete ich, und er zwinkerte dem Wirt zu, der uns einen starken und guten und teuren Slivovice brachte, wie man ihn hier im Nonstop nicht vermuten würde. Ich stürzte ihn nicht hinunter, sondern trank Schluck für Schluck. Und je mehr mein Magen sich erwärmte vom hochprozentigen Alkohol, desto ruhiger und wohliger wurde mir. Natürlich, dachte ich, meine Schwermut hatte nicht nur mit dem Nonstop zu tun, in dem ich gerade saß: Was genau wollte ich eigentlich hier? War das nicht sogar ein Muster in den letzten Jahren gewesen? Seit ich die Stadt kannte, hatte ich sie mit Bedeutung überladen, hatte ich mir eingebildet, dass die schweren und wichtigen und ernsten Dinge hier passieren müssen. Jeder Mensch auf der Straße konnte mein Schicksal sein, warte nur, dachte ich so oft, warte nur, dann wird sich in Prag dein Leben ändern, dann wird Prag dafür sorgen, dass endlich alles in Ordnung kommt.

Verdammt noch mal, sagte Marek jetzt und sah mich streng an. Ich spreche mit dir. Tut mir leid, sagte ich, bin nicht so gut drauf. Merkt man ja gar nicht, sagte Marek und schob mir den nächsten Obstler hin. Einer der drei Typen von der Bar schlug mittlerweile auf den Automaten im Wilden Westen im schlecht tapezierten Saloon jenseits der Bar ein, es klang so, als würde sich das Gerät seinerseits mit Schüssen zur Wehr setzen. Dann gab der Mann auf, setzte sich zurück auf seinen Barhocker und murmelte erneut allein sein Jesusmaria. Irgendwann, sagte Marek, irgendwann hol ich den Jackpot. Dann lade ich dich auf alles ein. Der Wirt kam und nahm unsere leeren Gläser mit, Marek fragte ihn auf Tschechisch nach einer Zigarette, aber er zog nur die Schultern hoch, tut mir leid, keine mehr da. Also dann, sagte ich, trank den Schnaps und klopfte kurz auf den Tisch, wir sehen uns. Nun stand ich auf, aber Marek hielt mich am Ärmel fest: Du willst schon gehen? Besser jetzt ins Bett als nie, sagte ich, ich kann nicht mehr.

Warte doch mal, sagte Marek. Hab genug gewartet, sagte ich, da kommt heute nichts mehr. Kommt noch viel, sagte Marek. Wen willst du sehen? Ich verstand nicht ganz. Wie meinst du das, sagte ich. Mit wem willst du trinken? Irgendwer, ich bring ihn dir her. Irgendwen. Für einen letzten Schnaps kommt die Prager Prominenz. Ich kenne sie alle. Sollen wir wetten? Leg Geld hin. Schaffe ich es, gehört es mir. Schaffe ich es nicht, kriegst du heute Nacht das Doppelte von mir zurück, ach was, das Dreifache, ich schwöre beim heiligen Wenzel!

In diesem Augenblick standen die drei Trinker von ihren Barhockern auf, als wären sie Brüder, legten stumm ihre Kronen auf den Tisch, hakten sich gegenseitig unter und schwankten zur Tür. Die hatten es für heute geschafft, die waren fein raus. Ich war schon ganz schön besoffen, vielleicht lag es ja auch daran, auf jeden Fall nahm ich mein Portemonnaie aus der Hosentasche und sah nach: Genau tausend Kronen hatte ich noch. Kafka, schoss es plötzlich aus mir heraus, dann bring mir den Kafka, oder ich gehe. Der Wirt brachte Schnaps. Bevor Marek trank, verzog er beleidigt sein Gesicht: Idiot, sagte er, so spricht man nicht über Tote. Nun komm, sagte ich, darf man keinen Spaß mehr machen, oder was? Warte mal, sagte Marek, als habe er eine Idee, warte mal kurz ... Er holte sein Handy aus der Tasche und fing an, wüst zu tippen. Kafkas Urenkel, sagte er. Auch gut? Kafka hatte keine Kinder, sagte ich. Woher willst du das wissen, sagte Marek und machte ganz kurz sein Schlägergesicht, oh, schon gut, vielleicht irre ich mich, murmelte ich, bevor die Stimmung so spät doch noch ins Kippen geriet. Gleich wurde sein Blick wieder ganz sanft, geradezu verliebt, er bestellte uns noch zwei Slivovice zur Auflockerung, und dann sagte er: Okay, pass auf. Ich hole dir den besten Freund von Kafkas Urenkel. Muss nur kurz telefonieren, sagte Marek und verschwand vor der Tür. Aha, dachte ich, jetzt fängt er also schon an, mich runterzuhandeln. War mir die ganze Aktion allen Ernstes tausend Kronen wert? Andererseits: War es jetzt nicht zu spät, um sich noch dagegen zu wehren?

Kurze Zeit später kam Marek wieder rein, klopfte mir verbindlich und siegesgewiss auf die Schulter, ich organisiere das jetzt für dich, mein Freund, und dann nahm er sich mein Geld. Warte hier, ich nehme mir jetzt ein Taxi, und dann komme ich mit Kafka zurück. Mit dem Freund von Kafkas Urenkel, dachte ich, aber ich nickte ihm nur freundlich und anerkennend zu, und Marek wiederum, der es jetzt sehr eilig hatte, signalisierte dem Wirt, dass er mir noch ein großes Bier bringen möge.

Nun saß ich also da und wartete.

Das erste Bier verging, und von Marek war nichts zu sehen.

Beim zweiten Bier hatte der Wirt Mitleid, wir waren schon eine ganze Weile allein in seinem Nonstop, er zog seine Zigarettenschachtel heraus und bot mir eine an. Gemeinsam standen wir vor der Tür und rauchten schweigend, und plötzlich fiel mir ein, was die Organisation mir formlos vor Wochen mitgeteilt hatte: Sie werden selbst merken, wann die Mission erledigt ist! Diese gerissenen Hunde! Diese Schlitzohren! Deshalb der ganze Aufwand! Ich wurde regelrecht euphorisch. Eine wichtige Lektion wollte mir die Organisation erteilen.

Warten auf Kafka.

Ein Zustand, den wahrscheinlich jeder hier in Prag schon mindestens einmal durchgemacht hatte. Ein Satz, der im Tschechischen gar ein geflügeltes Wort sein könnte.

Warten auf Kafka, so würde es irgendwann im Wörterbuch stehen, Zustand des vergeblichen Ausharrens.

Bei meinem dritten Wartebier fiel mir auf, dass ich ja nicht mal mehr Geld hatte, um die Rechnung zu bezahlen – zu allem Überfluss hatte ich auch alles, was Marek getrunken hatte, auf meine Kappe genommen.

Ich lächelte den Wirt an, als mir das auffiel – und der Wirt lächelte zurück, zum allerersten Mal. Vor dem staubigen Schaufenster war Prag schon längst wieder erwacht, fuhren die Menschen zur Arbeit.

Nicht mehr lang, dann würde Marek kommen. Er würde mir den Freund des Urenkels von Kafka präsentieren, und die Ähnlichkeit zum Original wäre wirklich verblüffend, wenn auch ohne verwandtschaftliches Verhältnis, der Freund würde mir erzählen, dass er sogar als Kafka verkleidet Führungen durch die Altstadt anbiete. Wir würden trinken und reden und trinken und reden, bis sogar mein Wirt endlich Feierabend hätte und von einer Aushilfskraft abgelöst würde. Gleich würde das Taxi vorfahren, ich hatte es im Gefühl. Ich kramte das letzte Zwanzigkronenstück aus meiner Hosentasche. Ich ging zum Spielautomaten, setzte im Wilden Westen alles auf eine Karte und behielt die Tür im Auge.

Ich fühlte mich verwegen und frei wie nie.

Ich war der allerletzte Gestrandete in dieser großen Stadt.

Ich wartete auf Kafka.

Kafka ist schon da.

Ein Versuch über die Allgegenwärtigkeit des Herrn K.

Mit dem Fotoapparat ausgestattet verbergen wir uns und lauern, bis er um die Straßenecke biegt. Um diese Zeit, das wissen wir ganz genau aus dem Reiseführer, macht er sich auf den Weg in die Weinstube. Natürlich, für seine Unpünktlichkeit ist er berühmt, da kommen schnell mal zwei oder drei Stunden zusammen, aber ebenso bekannt ist ja sein entwaffnender Charme gegenüber seinen Freunden, der es verhindert, dass man ihm wirklich böse sein kann. Doch wir haben Glück. Da kommt er schon angetrippelt, pünktlich, gleich biegt er um die Ecke, gleich müssen wir kaltschnäuzig genug sein, in Sekundenschnelle und ohne Nachfrage ein Foto zu schießen von ihm, der es nicht leiden kann, fotografiert zu werden, wir müssen uns darauf einstellen, dass er aus Reflex nach der Kamera in unserer Hand greift, wir müssen schleunigst darauf hinweisen, dass wir ja nicht ihn, sondern den Fassadenzierrat im Hintergrund vor der Linse haben wollten, so sei das nun mal in Prag. Mit etwas Glück setzt er seinen Weg dann fort, leise schimpfend und kopfschüttelnd, und die Sache ist für ihn schnell vergessen, während wir ein verwackeltes Foto von Kafka als Trophäe und Erinnerung an unsere Prag-Reise mit nach Hause nehmen können. Neidvoll würden die Fragen der Freunde auf uns niederprasseln: Ihr habt wirklich Kafka getroffen? Wie war er denn? Ist er so dünn wie im Fernsehen? Hat er tatsächlich so schöne Augen? Hat er mit euch geredet? Warum habt ihr euch kein Autogramm geholt? Hast du ihm die Hand gegeben? Mein Gott, dann darfst du die ja nie wieder waschen!

Egal, ob man die eskapistische Idee einer durch und durch romantischen Stadt pflegt, die nur aus goldenen Gässchen besteht und zugleich an Wintertagen stets geheimnisvoll im Nebel liegt, oder ob man das alles als touristisches Teufelswerk verdammt und Prag als ganz normale Metropole Mitteleuropas definiert, an einer Erkenntnis kommt man nicht vorbei: Kafka ist überall. Und wäre er tatsächlich ein lebender Zeitgenosse, dann wäre das mit der Weinstube am Abend gar nicht mehr so einfach. Er könnte sich vor Selfiewünschen und Autogrammjägern nicht retten, käme nur mit Sonnenbrille und tief ins Gesicht gezogener Baseballkappe von A nach B, müsste sich sogar die wenigen Meter von seiner Wohnung bis zur Weinstube chauffieren lassen, weil ein Durchkommen ansonsten unmöglich wäre.

Meiner Beobachtung nach hat der, nennen wir ihn mal, »K.-Kult« im letzten Jahrzehnt eine neue Dimension in Tschechien erreicht. Vorher war Kafka zwar auch schon einer der berühmtesten Söhne Prags, dessen unverständliche Bücher man irgendwann in der Schule lesen muss. Heute ist Kafka eine Kultfigur. Vielleicht sogar mehr als das, er ist ein absoluter Megastar. Lebte er heute in Prag, er wäre berühmter als Karel Gott, Václav Havel und Fußballtorwart Petr Čech zusammen. Kafka würde natürlich von seinen alten Hits und Evergreens zehren, das Schreiben hätte er schon seit Jahrzehnten eingestellt, zumindest in aller Öffentlichkeit, insgeheim würde natürlich jedes auf einen Bierdeckel gekritzelte Wort von seinem Manager Max Brod hinter dem Rücken Kafkas gesammelt und archiviert. Für die tschechischen Boulevardmedien wäre er ein dauerhafter Schlagzeilengarant, Kafkas ständige Beziehungsprobleme würden konstant und legendär für Klatsch und Tratsch sorgen, weshalb die Medienbranche nichts mehr fürchtete als diesen einen grässlichen Tag, an dem das Land von einer Eilmeldung erschüttert würde: KAFKA HAT GEHEIRATET.

Man braucht nicht lange nach Beweisen zu suchen für die popkulturelle Dimension des allgegenwärtigen Herrn K., man muss dafür noch nicht mal die goldenen Gassen der Goldenen Stadt betreten, es genügt dafür ein tiefer Blick hinein in den digitalen Raum:

»Vor ein paar Tagen kam ein Fremder in die Stadt. Er bezog das Apartment über dem Fleischerladen. Der Name des Fremden lautet K. Er ist ein Psychotherapeut, der sich auf die Behandlung von Phobien und Depressionen spezialisiert hat.«[39] Daneben sehen wir das comicartig gezeichnete Bild eines blassen und hageren Mannes mit Hut und Tasche. Und dann geht es los: »Akt 1 – Ein Landarzt«. Schon betritt die erste Patientin das Behandlungszimmer, die unter Ängsten leidet. K. hypnotisiert die korpulente Dame und hilft ihr, in ihrem Hypnosetraum ein in ihrer Kindheit verlorenes Kaninchen zu finden. Die Patientin ist ihre Ängste los, dankt und geht – und schon betritt ein Hund die Praxis des Psychotherapeuten, der eine geheime Botschaft in Briefform im Maul dabeihat. Was sich wie eine etwas abgeschmackte Fieberfantasie kurz nach Kafka-Lektüre anhört, ist der Anfang eines 2017 veröffentlichten Computerspiels. In »The Franz Kafka Game« muss man verschiedene Rätsel lösen und Geschicklichkeit beweisen, um die Figur durch kafkaeske Welten zu steuern. Herr K. wird entführt, Herr K. muss zum Türhüter, Herr K. muss Aufgabe um Aufgabe bewältigen. Dass die Hauptfigur wie eine Disney-Version von Franz Kafka selbst aussieht, ist sowieso klar. Auch vor der großen Kafka-Show gab es derartige Auswüchse in digitalen Dimensionen: Ein anderes Spiel nahm sich etliche Jahre früher Gregor Samsa zum Vorbild, der in eine Kakerlake verwandelt wird und mit dem man als Spieler zahlreiche Abenteuer durchstehen muss. Kafka, das ist nicht mehr nur eine Edelmarke für das intellektuelle Publikum mit Hang zur Melancholie, Kafka kann auch populär sein. Und seine Ideen werden manchmal sogar körperlich spürbar – so initiierte das Prager Goethe-Institut im Jahr 2018 eine Kunstaktion, wie sie bislang wohl ihresgleichen sucht. In der Rauminstallation »VRWandlung« nach einer Idee von Mika Johnson konnten die Besucherinnen und Besucher sich mit Unterstützung einer VR-Brille selbst in ein ungeheures Ungeziefer verwandeln und aus Käfersicht die Welt erkunden. Kafka selbst würde dem technischen Fortschritt und der perfekten Illusion vermutlich applaudieren und sich begeistert und lachend die 3D-Brille aufziehen. Ob das wohl auch für den allgemeinen Kult gilt, der um sein Leben und Werk veranstaltet wird und der immer skurrilere Blüten treibt?

Dass da gerade etwas aus den Fugen gerät, ist mir schon vor einigen Jahren aufgefallen. Damals entdeckte ich ein heute nicht mehr existierendes Café mitten im touristischsten Teil Prags. Auf einer Tafel in der Nähe des Altstädter Rings stand das Tagesangebot in krakeliger Handschrift mit Kreide angeschrieben: KAFKA-TO-GO für sechzig Kronen. Das war nun wirklich kein schlechter Preis, zumal man dafür eine Kaffeespezialität nach Wahl plus ein Stück Kuchen zum Mitnehmen angeboten bekam. Aber das ist erstens schon länger her, und zweitens hätte die Sache sicherlich ohnehin einen Haken gehabt, der Kuchen wäre stets ausverkauft gewesen oder die Kaffeemaschine kaputt, und am Ende hätte man sich dann doch für den überteuerten Golem-Tee mit magischen Kräutern aus den Vorgärten der Altstadt entscheiden müssen.

Mehr Kafka geht kaum noch: »Das Schloss« als Graphic Novel, gestaltet vom tschechischen Musiker und Comiczeichner Jaromír99, war ein ebenso großer Erfolg wie die Konzerte der »Kafka-Band«, die Kafkas Romane wie »Das Schloss« oder »Amerika« in Songtextform bringt und als deutsch-tschechische Mischformen auf der Bühne präsentiert – an Theatern in Deutschland ebenso wie im tschechischen Fernsehen. Auch die reine Merchandisingmaschinerie jenseits der Inhalte läuft so rund wie unermüdlich: Kafka-Kugelschreiber, Kafka-Kaffeetassen, Kafka-Shirts, Kafka-Kostüme, und auch in diesem Segment gibt es mittlerweile Produkte für gediegene Fans: Als sich mein Kölner Stammbuchhändler neulich ein Geschenk aus Prag wünschte, da war meine Wahl klar, als ich im Laden der Franz-Kafka-Gesellschaft kleine Büsten des Autors in drei verschiedenen Farben entdeckte. Ich entschied mich gegen einen schwarzen Kafka-Kopf und ließ mir eine leicht cremefarbene Skulptur verkaufen, die ich in hochwertiger Verpackung und von Holzwolle geschützt nach Hause trug. Der Kopf steht jetzt bei meinem Buchhändler neben Goethe im Regal – und man kann ihn mit viel gutem Willen sogar als Kafka erkennen, ohne vorher darauf hingewiesen zu werden.

Kafkas kultiges Kuriositätenkabinett: Kann das denn wirklich noch gut sein? Schmälert nicht jede Tasse, jede Comicfigur und jede Parodie das gigantische Werk und das Ansehen des Autors durch Verkleinerung und Verniedlichung? Eigentlich nicht. Denn mal ehrlich: Was gibt es Schöneres für einen Schriftsteller? Ist es nicht eigentlich das, was man sich wünscht, vorausgesetzt, man bringt eine leichte narzisstische Störung mit, die man einfach mal bei Autorinnen und Autoren eines gewissen Rangs als Standard annehmen darf? Schaut man sich die Geschichte der Kafka-Wahrnehmung an, dann ist seine offenkundig Tag für Tag wachsende Popularität ohnehin eine gute Nachricht. Bei Touristinnen und Touristen aus dem Ausland war Kafka immer schon beliebt, wurde nach Kafka-Devotionalien verlangt, die man sich aus Tschechien mit nach Hause nahm. Die Tschechen reagierten auf die ewige Frage nach Kafka mitunter verständnislos, denn im Land selbst tat man sich lange Zeit schwer mit ihm, und das aus historischen Gründen: Bis zur legendären Kafka-Konferenz im Jahr 1963 konnte man den Schriftsteller im Sozialismus nicht lesen. Der Franz-Kafka-Gesellschaft ist es letztlich zu verdanken, dass eine Gesamtausgabe in tschechischer Übersetzung erscheinen konnte – komplett erst im neuen Jahrtausend, was unglaublich scheint. Und das, obwohl Kafka selbst das Tschechische sehr liebte und die Sprache fließend beherrschte.

Der Kafka-Hype, der sich nun nicht mehr nur auf Touristengruppen beschränkt, sorgt also dafür, dass sein Werk auch in Tschechien in größerem Rahmen wahrgenommen wird – denn natürlich steht Kafka mittlerweile auch auf den tschechischen Lehrplänen, was eben keine Selbstverständlichkeit ist, wenn man sich anschaut, wie schwer sich sein Heimatland auch nach der Revolution des Jahres 1989 noch mit seiner Rezeption tat. Auch wenn der Kafka-Kult natürlich ein wenig skurril, ein wenig schrullig, ja, geradezu ein wenig kafkaesk erscheint: Das alles passt so wunderbar zu Prag. Denn die mitunter ebenso skurrile und schrullige Stadt, Kafka nannte sie bekanntermaßen liebevoll altes Mütterchen mit Krallen, prägte Kafkas Schreiben maßgeblich. Und umgekehrt beeinflussen Kafkas Texte natürlich mittlerweile auch die Stadt, ob man will oder nicht.

Schimpfen wir also nicht über Kommerzialisierungstendenzen, beruhigen wir uns vielmehr, wenn wir beim nächsten Mal lauter Gregor Samsas im Käferkostüm auf dem Altstädter Ring entdecken. Im Zweifelsfall sind die gar nicht wegen Kafka da, sondern machen nur Werbung für Prags erstes Insektenrestaurant.

Träumen wie zum Trotz.

Lenka Reinerová und ihr geliebtes Prag

Das schönste Kaffeehaus Prags ist nicht einfach zu finden. Auch nicht wenn man die Stadt schon gut und lange kennt. Manche Scharlatane machen es sich leicht und behaupten, man müsse nur in die Nähe der Prager Burg gelangen, unbeobachtet bleiben und sich diesem oder jenem Souvenirhändler gegenüber großzügig zeigen, um entscheidende Hinweise zu bekommen auf einen geheimen Gang, der geradewegs an die Tische dieses zauberhaften Kaffeehauses führt – andere angebliche Kenner wollen gehört haben, es würde genügen, den beträchtlichen Eintritt für den Prager Fernsehturm zu berappen und mit dem Fahrstuhl nahezu direkt zur Kaffeehauspforte befördert zu werden. Noch schlimmer sind die Lockangebote der touristischen Bauernfänger, auch das ist Prag im 21. Jahrhundert: Windige Agenturen versprechen für viele, viele Kronen einen unvergesslichen Tagesausflug in das *magischste Kaffeehaus der Stadt*, letztlich bekommt man dafür aber nur eine dünne Broschüre, einen dünnen Lustwandelspaziergang durch die lustlos leere Altstadt an einem Regentag und am Ende einen viel zu dünnen Kaffee in einem zu touristischen Zwecken freigeräumten Keller, der tags zuvor noch zum Abstellen von ausrangierten Möbeln genutzt wurde, der nichts mit dem traumhaften Ort zu tun hat, der uns eigentlich in Aussicht gestellt worden war. Das bestrickendste Kaffeehaus von Prag ist eben nicht einfach zu finden. Ich erinnere mich selbst auch nicht mehr genau an den Weg dorthin. Alles ist verschwommen. Als würde jedes Kartografieren unterbunden, indem das Gedächtnis nach einem Besuch dort gelöscht wird. Eines weiß ich immerhin genau: Man findet den Weg nur halbwegs dösend und mit halbwegs geschlossenen Augen. Man braucht Geduld, man kann nichts erzwingen, man kann dabei auf einem Bett in einem Plattenbauhotel am Stadtrand oder auf dem pittoresken Sofa einer pittoresken Ferienwohnung mitten in direkter Umgebung des selbstverständlich ebenso pittoresken Altstädter Rings ruhen, man kann währenddessen sogar stehen, auch das schadet der Sache nicht, man muss einfach nur sehr konzentriert und gelöst zugleich auf diesen einen Moment warten – wenn der Prager Boden unter den Füßen zu schwanken beginnt. Und damit meine ich ausnahmsweise mal nicht den Zustand nach Einnahme von sechs Pilsner Urquell.

Schließen wir die Augen, konzentrieren wir uns, lassen wir uns fallen, nicken wir ein, der feste Boden unter uns wird ganz weich – und von einem Augenblick zum anderen sind wir plötzlich dort: im Prager Traumcafé. Und können es nicht glauben: Niemals zuvor hatte man einen so atemberaubenden Blick auf die Stadt, nirgendwo sonst trifft man auf so viel Prominenz auf einem Fleck. Und alle Getränke, alkoholisch oder auch nicht, werden gratis gereicht, es ist einfach das Paradies. Fast so, als wären wir im Himmel. Dort sitzen sie nämlich alle an ziselierten Kaffeehaustischen und trinken und quatschen und schreiben und spielen um ein paar Münzen Karten. Václav Havel qualmt seine zwanzigste Zigarette und bestellt zum zehnten Mal hintereinander noch ein kleines Bier, weil er gerade gehen will und doch nicht loskommt, Ota Pavel erklärt Bohumil Hrabal schon seit einer Stunde ganz geduldig, wie man einen Hecht fängt – während Hrabal überhaupt nicht zuhört, sondern den Kopf auf seine Hand gestützt hat und von seinen Katzen träumt, die im Traumcafé vor allem wegen Franz Kafkas erst kürzlich entdeckter Katzenhaarallergie leider nicht gestattet sind. Der wilde Underground steht versammelt ums Klavier herum und hört Filip Topol zu, der mit Wut und Weisheit von der Liebe singt und von Städten, die einem irgendwann zu eng werden. In einer Ecke mit besonders weitem Blick auf die Altstadt mit ihren Gassen und Gässchen sitzt die Schriftstellerin Lenka Reinerová. Natürlich elegant wie eh und je, natürlich mit diesem hellwachen Blick, den man nicht vergisst. Ich nehme allen Mut zusammen, gehe zu ihr und spreche sie an: »Entschuldigen Sie, dass ich Sie störe, Sie werden sich wohl kaum erinnern, Frau Reinerová, aber …«

Tatsächlich würde es mich wundern, wenn Lenka Reinerová sich dort irgendwo im Himmel über Prag an mich erinnerte. Wir sind uns schließlich nur ein einziges Mal flüchtig begegnet, im Jahr 2008 war das, einige Monate, bevor sie tatsächlich für immer ihren himmlischen Kaffeehausplatz einnahm, von dem aus sie das komische und groteske und schöne Treiben ihrer Heimatstadt in aller Seelenruhe beobachten kann. Ihr tschechischer Verleger hatte mich damals mitgenommen zu einem Besuch im Krankenhaus, wo sie sich seit einem Sturz aufhielt. Ich hatte Blumen dabei. Orangefarbene Gerbera von einer Blumenhändlerin auf der Prager Nationalstraße. Als wir das Zimmer betraten, machte Lenka Reinerová gerade mit einem kleinen Handtuch Kräftigungsübungen für die Hände und musste gezwungenermaßen im Bett bleiben. All das war ihr zuwider, im ersten Augenblick auch die Blumen und mein unangekündigter Besuch. Als ich ihr ein Geschenk ankündigte, lehnte sie es vehement kopfschüttelnd und geradeheraus ab: Ich brauche nichts, ich will nichts. Bis sie von ihrem Verleger hörte, dass es sich bei jenem Geschenk um ein Buch handelte – da drehte sie sich in meine Richtung: Was für ein Buch? Zeigen Sie her! Ihre Augen strahlten jetzt, und sie bedeutete mir, ihr das Buch zu reichen. Sie blätterte darin, und das Eis war gebrochen. Sie fragte nach meiner Arbeit, ich fragte nach ihren Plänen. Es waren vielleicht nur wenige Minuten, die ich mit Lenka Reinerová verbrachte, aber ich war beeindruckt: Sie mochte körperlich geschwächt sein, ein Mensch von über neunzig Jahren, aber es ging eine unbeschreibliche Energie von dieser Frau aus, ja, sie hatte nichts von ihrer Ausstrahlung eingebüßt, die ich mir bis dahin nur anhand der Lektüre ihrer Bücher vorstellen konnte. Eine charismatische Schriftstellerin, die alles gesehen, alles gehört, alles erlebt hatte, die so schnell nicht mehr aus der Ruhe zu bringen war, erst recht nicht von einem Krankenhausbett und von Kräftigungsübungen. Ich hörte ihrem so wunderschönen Zungenschlag zu, diesem spezifischen Prager Deutsch, das schon Kafka gesprochen hatte – wir verabschiedeten uns. Es war das erste und letzte Mal, dass wir uns sahen. Vermutlich würde Lenka Reinerová spätestens jetzt mit mir schimpfen: Erstens, weil ich wahrscheinlich etliche Details unserer Begegnung versehentlich unter den Tisch habe fallen lassen oder mich falsch erinnere. Zweitens, weil diese Idee mit dem allerschönsten Kaffeehaus von Prag, dieser tschechische Himmel, in dem man alle schon von der Welt verschwundenen Freundinnen, Freunde und Bekanntschaften wiedertrifft, gar nicht von mir stammt, sondern weil ich sie einfach kaltschnäuzig bei ihr geklaut habe.

Reinerová selbst hat diesen Ort viel plastischer und anschaulicher beschrieben, als ich es jemals könnte. Als existierte dieser nie geschlossene Gastronomiebetrieb im Himmel über der tschechischen Hauptstadt tatsächlich. »Das Traumcafé einer Pragerin«, so heißt das Buch von Lenka Reinerová. Die Erzählerin trifft darin in jenem Café lauter Menschen, die schon verstorben sind – allesamt prägende Köpfe der Prager Literatur, von denen Lenka Reinerová viele persönlich kannte: Egon Erwin Kisch, F. C. Weiskopf, den vorlauten Jaroslav Hašek – und sogar ihr eigener Ehemann hat einen Gastauftritt, der jugoslawisch-deutsche Schriftsteller Theodor Balk. Auch trifft sie auf Bekanntschaften, mit denen sie nur wenige Begegnungen verbanden: Als Mädchen lernte sie beispielsweise Max Brod kennen, weil ihre Mutter sie mit zu Opernpremieren nahm – der Freund und Vertraute von Franz Kafka war damals als Kritiker eine Instanz, von seinem Lob oder von seinem Verriss im berühmten »Prager Tagblatt« hing ab, ob eine Aufführung zum großen Publikumserfolg wurde oder nicht. In ihrem Traumcafé sieht sie diesen Max Brod also wieder und erinnert sich an eine flüchtige Begegnung, dennoch nimmt sie allen Mut zusammen und spricht ihn an: »Sie werden sich wohl kaum erinnern, Herr Brod …« »Das Traumcafé einer Pragerin« ist ein Buch von ebenso überwältigender Schönheit wie von überwältigender Tragik, eine Sammlung von Geschichten vom Leben und Überleben einer Frau, die den kaum in Worte zu fassenden Schrecken des 20. Jahrhunderts in nahezu allen Facetten miterleben musste. Die biographischen Eckdaten geben nur eine

Ahnung von dem, was Lenka Reinerová in ihren so persönlichen Erzählungen und Porträts beschreibt.

1916 wird Reinerová in Prag geboren und wächst in einer jüdischen Familie auf, ihr Vater ist Tscheche, die Mutter eine Deutschböhmin. Die Familie betreibt eine Eisenwarenhandlung im Prager Stadtteil Karlín. Schon als Jugendliche verschlägt es sie in die künstlerischen Kreise der Stadt, trifft sie auf Schriftsteller und Journalisten und wird schon bald selbst mit dem Schreiben ihr Brot verdienen – am Anfang dieser Entwicklung steht aber ein Theaterstück samt einer zufälligen Begegnung: Kurz nach Adolf Hitlers Machtergreifung im Jahr 1933 inszeniert Reinerová mit einer Kindergruppe eine eigene Version von Erich Kästners »Pünktchen und Anton« – mit extra dafür erteilter Genehmigung des Autors persönlich. Franz Carl Weiskopf, damals Chefredakteur der »AIZ«, der »Arbeiter-Illustrierte-Zeitung«, schreibt eine durchaus wohlwollende Kritik, etwas später begegnen Weiskopf und Reinerová einander; er lädt sie zum Kaffee zu sich nach Hause ein, und Reinerová freundet sich mit dem Ehepaar Weiskopf an. Nicht nur das, ab 1936 schreibt sie selbst regelmäßig als Journalistin für die »AIZ«. Ende der Dreißiger ist sie gerade in Bukarest, als Prag von den deutschen Truppen besetzt wird – sie schafft es, nach Paris zu fliehen. Dort wird sie allerdings interniert – zunächst sechs Monate in Einzelhaft, anschließend in einem Frauenlager in Südfrankreich. Ihr gelingt schließlich nach einem längeren Aufenthalt in Casablanca die Flucht nach Mexiko, wo sie unter anderem auf Frida Kahlo trifft. Während Reinerová es auf verschlungenen Wegen schafft, vor den Nationalsozialisten zu fliehen, wird ihre gesamte Familie im Zweiten Weltkrieg während des Holocausts von den Nazis ermordet. Nach Kriegsende kehrt Reinerová nach Europa zurück, zunächst siedelt sie sich mit ihrem Mann Theodor Balk in Belgrad an, wo auch ihre Tochter geboren wird. 1948 zieht die kleine Familie nach Prag, doch auch dort kommt und kommt sie nicht zur Ruhe: Sie wird Opfer stalinistischer Säuberungen und falscher Verdächtigungen und verbringt wiederum fünfzehn Monate unter brutalsten Bedingungen mit ständigen Verhören im Gefängnis. Erst im Jahr 1964 wird sie rehabilitiert – um wenige Jahre später nach der Niederschlagung des Prager Frühlings wiederum mit einem Schreibverbot belegt zu werden und ihre Stelle in einem Verlag zu verlieren. Mehrere Jahrzehnte lang arbeitet sie danach überwiegend als Dolmetscherin – erst ab 1989 werden ihre Bücher endlich einem wirklich großen Publikum zugänglich, und ihre Stimme gewinnt mehr und mehr an Bedeutung: Lenka Reinerová wird bis zu ihrem Tod die letzte auf Deutsch schreibende Autorin Prags sein. Trägerin des Bundesverdienstkreuzes, Ehrenbürgerin der Stadt Prag, die sie ihr Leben lang so sehr liebte.

Die Fakten dieses wechselvollen Lebens deuten die Düsternis und die Demütigungen nur an, die Lenka Reinerová immer wieder ertragen und über sich ergehen lassen musste – und dennoch haben ihre Bücher nur dann eine Schwere, wenn sie wirklich nicht vermeidbar ist angesichts des Grauens – zumeist sind sie leichtfüßig, ja, geschrieben mit einer zarten Leichtigkeit wie zum Trotz. Sie selbst thematisiert das in ihrer »Traumcafé«-Geschichte: In einem Gefängnis in Paris während des Zweiten Weltkriegs und später in Prag zur dunkelsten Zeit des Kommunismus verbrachte Lenka Reinerová insgesamt über ein Jahr in Einzelhaft. Doch selbst in diesen Zeiten, so schreibt sie, »habe ich hartnäckig das Träumen nicht aufgegeben, so schwierig es auch war, nicht in Alpträume abzugleiten.«[40]

In einem Band hat sich Lenka Reinerová einige Jahre vor ihrem Tod ihre Erinnerungen an die Finsternis von der Seele geschrieben – aber eben nicht nur das. Denn sosehr »Alle Farben der Sonne und der Nacht« einem das Herz bricht beim Lesen, so rührt es eben auch an in seiner, schon der Titel legt dies nahe, geradezu strahlenden und unverwüstlichen Hoffnung. Denn immer sind es die Erinnerungen an schöne Begegnungen, immer sind es Gedanken an kleine und kleinste Details aus besseren Zeiten, die es der Erzählerin überhaupt ermöglichen weiterzumachen. Dass es ein »schwieriger Bericht« sein wird, das ahnt die Autorin schon in den ersten Zeilen der Geschichte, die im Frühling des Jahres 1952 beginnt: Wenige Wochen zuvor hat Lenka Reinerová ohne Angabe von Gründen ihre Stelle im tschechischen Rundfunk verloren. An einem Abend wird sie nun also verhaftet und in die Villa der Sicherheitsbehörde gebracht, auch dies ohne Erklärung. Ihre Nachfragen werden auch in der folgenden Zeit immer nur mit diesem einen Satz beantwortet: »Das wissen Sie selbst am besten.« Und wenn Reinerová sonst mitunter wie besessen erinnerte Kleinigkeiten konserviert, die Jahrzehnte zurückliegen, so fehlen ihr für diesen Tag fast die Worte: »Wahrscheinlich blühten dort gerade die Bäume. Ich weiß es nicht. Der Tag war so schlimm, daß er keine tröstliche Erinnerung hinterlassen konnte.«[41] Zuerst denkt die Journalistin nur darüber nach, wie sie es am Tag darauf gemeinsam mit ihrem Mann ins Kino schaffen könnte – so kafkaesk ihre ganze grundlose Verhaftung erscheint, so grotesk sind auch ihre Gedanken. Was folgt, das ist eine fortwährende

Qual: Die zu allen Tages- und Nachtzeiten stattfindenden Verhöre und die Schikanen während der Zeit in der Einzelzelle, die ständige Beobachtung durch oft zynische und kalte Wärter, die Trennung von Mann und Kind, von denen natürlich keine einzige Nachricht zu ihr durchdringt. Und dennoch wehrt sich Lenka Reinerová mit Händen und Füßen. Nach außen hin dadurch, dass sie sich nicht brechen lässt, dass sie nichts zugeben will und nichts zugeben wird, was sie nicht getan hat: Hochverrat, Spionage, Westkontakte, die Vorwürfe kommen der Erzählerin an den Haaren herbeigezogen vor, und sie sieht keinerlei Anlass, ihren Widerstand gegen die falschen Anschuldigungen aufzugeben.

Und innerlich? Da hält sie sich am Leben mit dem Wissen darum, dass noch eine Welt außerhalb des Gefängnisses existiert: »Nein, nein! Hier und auf diese Weise darf mein Leben nicht zu Ende gehen. Es gibt die Farben und das Licht der Sonne, ich kann nur hinter diesen Mauern nichts davon merken.« So beschreibt sie eine Szene in ihrem geliebten Prag, als sie sich in der Straßenbahn auf dem Weg nach Hause befindet. Ohne ersichtlichen Grund bremst die Bahn plötzlich scharf, obwohl nichts die Fahrbahn blockiert, keine Fahrzeuge, keine Menschen. Der Fahrer springt aus der Straßenbahn – und als er zurückkehrt, da hat er eine halb geschlossene gelbe Rose in der Hand, er habe sie im letzten Moment auf den Schienen gesehen und es nicht übers Herz gebracht, sie zu überfahren. Immer wieder ist das die Botschaft, auch im Blick zurück auf die Zeit vor dem Zweiten Weltkrieg: Selbst damals, so Reinerová, gab es eben nicht nur einen schreienden Hitler, sondern zugleich auch den Duft von Akazien.

Während die Jahreszeiten kommen und gehen und die Bedingungen nicht besser werden, während die Kommunisten Tag für Tag darauf warten, dass Reinerová endlich zusammenbricht und gesteht, was nicht zu gestehen ist, erzählt und fabuliert und träumt sie von besseren Zeiten, so gut es geht. Zuerst allein, später mit einer Zellennachbarin. Sogar in ihren Wärtern und selbst in ihren plumpen Verhörern entdeckt Lenka Reinerová in ihren Erinnerungen an die Haft gute Dinge: Ein freiwillig mit Marmelade bestrichenes Brot ist ihr dabei genauso in Erinnerung wie die offenkundige Dummheit des fülligen Mannes, bei dem sie wieder und wieder zum Verhör antreten muss und der einen Bertolt Brecht gern fehlerhaft »Brechter« nennt. Es wird zermürbend lange dauern, bis die Autorin – wieder ohne Angabe von Gründen – aus dem Gefängnis entlassen wird. Zwar wird sie mitsamt ihrer Familie aus Prag verjagt und in die Provinz geschickt – aber immerhin, sie ist wieder frei.

Eine schreiberische Disziplin beherrscht Lenka Reinerová besonders, auf eine Art und Weise, die tatsächlich ihresgleichen sucht: das literarische Porträt. Manchmal geschieht das geradezu beiläufig, wenn sie beispielsweise in nur wenigen Strichen Figuren skizziert, die ihr kurz auf der Straße begegnen – und man dennoch sofort einen Menschen aus Fleisch und Blut vor Augen hat. Ein Wort, eine Geste, ein Blick – Lenka Reinerová beobachtet so präzise, dass man nicht aufhören möchte, ihre zutiefst menschlichen Porträts zu lesen, in denen journalistisches Handwerk und literarische Kunst zusammenfallen. »Es begann in der Melantrichgasse« zum Beispiel versammelt einige ihrer warmherzigen Porträts – der Band ist zugleich eine geheime Einführung in die Kreise der Prager deutschen Literatur. Das Buch beginnt mit einer regelrechten Liebeserklärung an F. C. Weiskopf, den Prager Schriftsteller und Journalisten, der übrigens nur auf Deutsch schrieb, obwohl er exzellentes Tschechisch sprach – und der Reinerovás eigenem Schreiben letztlich Tür und Tor öffnete. Auch dort sind es wieder die schrulligen Details, von denen Lenka Reinerová erzählt und die man nicht mehr vergisst: F. C. Weiskopfs legendärer Zettelkasten ist für Reinerová eine regelrechte Sensation, akribisch sortiert nach verschiedensten Themengebieten von Witzen bis hin zu Mode. Als die damals zwanzigjährige Reinerová dort die offenkundig fein säuberlich sortierten Erkenntnisse zum Thema »Liebe« entdeckt – da klappt Weiskopf den Zettelkasten rasch zu und bittet die angehende Journalistin verlegen zum Tee. Ihre zärtlich beschriebene Freundschaft zu Anna Seghers bis zu deren Tod gehört ebenso zu den anrührenden Stücken ihrer Porträtsammlung wie eine ausführliche Würdigung von Egon Erwin Kisch, dem sogenannten »rasenden Reporter«, der überall auf der Welt unterwegs war – und letztlich dennoch immer ein Prager blieb, wie Reinerová betont. Mit dem Ehepaar Kisch lebte Lenka Reinerová sogar auf ihrer Flucht vor den Nazis in Versailles eine Weile zusammen – aus dieser Zeit stammt auch ein Satz der Ehefrau von Egon Erwin Kisch. Dass Lenka Reinerová ihn sich nicht nur gemerkt hat, sondern es ihr mit diesem Zitat auch in wenigen Zeilen gelingt, den vielleicht berühmtesten Vertreter der Prager deutschen Literatur im Wesentlichen ganz und gar zu charakterisieren, spricht für die Beobachtungsgabe einer begnadeten Autorin – obwohl es eigentlich nur um das laxe Verhältnis zum Geld geht, das der dauerklamme Kisch pflegte: »Wenn der Egonek fünf Francs in der Tasche hat, dann glaubt er, daß er den Verlag und die Redaktion einer Zeitung finanzieren und obendrein noch zehn Leute zum Abendessen einladen kann.«[42]

Da gibt es also einerseits die Chronistin Lenka Reinerová, die mit ihren Berichten an die schlimmsten Phasen des 20. Jahrhunderts erinnert, die sie selbst durchlebt und durchlitten hat – und dennoch auf Grundlage ihrer schlimmen Erfahrungen leise Hoffnung stiftet. Auf der anderen Seite ist da diese viel gereiste Frau, die das Glück hatte, Bekanntschaft und Freundschaft zu schließen mit einigen der intellektuellen wie künstlerischen Schlüsselfiguren der mitteleuropäischen Kultur des vorigen Jahrhunderts. Zuallererst ist sie aber eine begeisterte wie bekennende Pragerin, die ihre Heimatstadt über alles liebt – und ihr mit ihrem gesamten Werk ein literarisches Denkmal setzt, wie es selbst das von Lobpreisungen so verwöhnte Mütterchen Prag selten im Laufe vieler Jahrhunderte gebaut bekommen haben dürfte. Eine stets neugierige Geschichtensammlerin, eine niemals müde Großstadtflaneurin, eine durch und durch überzeugte Kaffeehausgängerin – alle Bücher von Lenka Reinerová sind, meistens direkt, immer aber zwischen den Zeilen, Schwärmereien und Schwelgereien pragerischer Art. Hat man selbst mal ein Stück längerer Lebenszeit in der tschechischen Hauptstadt verbracht, dann möchte man andauernd miteinstimmen, besonders, wenn man gerade nicht das Glück hat, selbst durch die Prager Straßen laufen zu können.

Wie bereits zu Anfang erwähnt: Ziemlich sicher würde Lenka Reinerová mich nicht erkennen, wenn ich sie anspräche im imaginären Traumcafé irgendwo dort oben in der Wolkendecke über Prag – und dennoch verbindet uns mehr als dieser kurze Besuch am Krankenhausbett. Das klingt anmaßend, ich muss es anders formulieren: Ich habe ihr einige der eindringlichsten Erlebnisse zu verdanken, die ich schon vor Jahren mit und in Prag machen durfte. Ohne ihr Engagement hätte ich nämlich nicht einen heißen Sommermonat inmitten des Altstädter Trubels verbringen dürfen: Damals hatte ich ein Stipendium vom *Prager Literaturhaus deutschsprachiger Autoren*, den Traum, den Reinerová viele Jahre hegte und pflegte, bis er Wirklichkeit wurde: 2004 gründete sie das Literaturhaus gemeinsam mit František Černý und Kurt Krolop – um einerseits die Erinnerung an die auf Deutsch schreibenden Prager Autoren zu bewahren, um mit Lesungen und Ausstellungen somit auch an die Verbindungen zwischen jüdischer, tschechischer und deutscher Kultur zu erinnern, um andererseits aber eben auch in diesem fruchtbaren Umfeld der deutschsprachigen Literatur in Prag zeitgenössischen Autorinnen und Autoren die Möglichkeit zu geben, bei einem längeren Aufenthalt an ihren Texten zu arbeiten.

So kam ich also 2010 für einen Monat nach Prag, und ich wohnte nur wenige Schritte von dem Haus entfernt, in welchem Lenka Reinerová ihr erstes eigenes Zimmer hatte – und somit ebenfalls in direkter Umgebung des Geburtshauses von Egon Erwin Kisch. Der Ort konnte nicht besser zu diesem Stipendium passen: Zwar befand sich mein Zimmer im Gebäude eines Hotels, war aber dennoch abgesperrt von einer bizarren Gittertür, die bei vielen Stipendiatinnen und Stipendiaten Erwähnung findet: Ich lebte in einem mit funktionalen Möbeln versehenen und zum Gästezimmer umfunktionierten ehemaligen Büro der Prager Stadtverwaltung, natürlich mit ebenfalls eingerichteter Kochnische, die Tag für Tag von unbekannter Hand aufgeräumt wurde, wenn ich selbst nicht schnell genug war. Ich wurde den Eindruck nicht los, dass das ganze Szenario absichtlich für mich vorbereitet worden war – und dachte an die Kafkaesken, für die Prag nun mal legendär war. Ich hatte mir für meinen Stipendienaufenthalt viel vorgenommen, morgens, mittags und nachmittags etliche Seiten für meinen Roman schreiben, abends durch die Kaffeehäuser und Kneipen und Nonstops ziehen – aber was soll ich es jetzt verheimlichen, wo schon so viele Jahre vergangen sind? Vielleicht war es dann doch die zu große Nähe zu Kisch, zumindest finanziell betrachtet, aber am Ende des Monats hatte ich den ganzen Tag in Kaffeehäusern, Kneipen und Nonstops verbracht und dabei das mir zugesprochene Stipendiengeld innerhalb weniger Tage verprasst – nur meinem Romanmanuskript hatte ich nicht ein einziges Wort hinzugefügt.

Das glaubt mir zwar kein Mensch, dennoch war es ein sehr produktiver Monat, nur eben anders, als ich ihn erwartet hatte. Tatsächlich lernte ich dieses Prag damals erst so richtig kennen, verstand ich, warum diese Stadt auch ohne all ihre Mythen und Klischees in der Tat magisch und unerbittlich und teuflisch und nervig und einzigartig zugleich ist, kurz, warum ich einfach keine Wahl hatte, als ihrem Charme – ab und an auch auf destruktive Weise – wieder und wieder zu verfallen.

Eine der besten Zuschreibungen, die eigentlich alle Eigenschaften Prags mit einem Begriff auf den Punkt bringt, stammt wiederum von Lenka Reinerová selbst: närrisch. Nicht ohne Grund hat ihr Buch »Närrisches Prag« den Untertitel »Ein Bekenntnis«, jede einzelne Seite ist eine überzeugte und überzeugende Liebeserklärung. Das Besondere ist wiederum, dass auch dieser Band dabei unheimlich modern und zeitgemäß ist: Lenka Reinerová ist gar nicht daran gelegen, ein ausschließlich nostalgisches Bild ihrer Heimatstadt zu zeichnen und die Veränderungen zu bejammern, im Gegenteil: Sie gliedert sich ein in die neue Welt des neuen Jahrtausends und fragt nach, wenn ihr etwas komisch vorkommt. Mal sucht sie nach einem Schuhladen, muss aber feststellen, dass das Geschäft verschwunden ist und anstelle von Schuhwerk mittlerweile Glas und Porzellan an Touristen verscherbelt werden. Später entdeckt sie eine Straßentafel und ist ganz hingerissen: In der »Kavárna Egona Ervína Kische«, im »Kaffeehaus Egon Erwin Kisch« also, werden Pflaumenknödel aus Topfenteig angeboten. Doch wird ihr trotz vehementer Nachfrage an diesem Ort keine Süßspeise angeboten: Wieder und wieder teilt ihr eine Verkäuferin mit, dass auch dort nur Glas und Porzellan verkauft würden – die »verdammte Tafel« ist nur noch ein Relikt aus alten Zeiten, das nach Kisch benannte Café gibt es dort nicht mehr. Nun wäre es für die Erzählerin so einfach, anhand dieser Szene Wehmut zu provozieren und Wehmut aufkommen zu lassen, das untergegangene alte Prag zu vermissen, doch das passiert eben nicht. Reinerová registriert nur erstaunt, mit welchem Tempo sich ihre Stadt verändert – etwas später, berichtet die Autorin, entsteht an dieser Stelle der Altstadt ein neuer Souvenirladen. Natürlich geht sie hinein, natürlich unterhält sie sich freundlich mit den Verkäufern, die immerhin wissen, dass der Kisch vom Prinzip her so einer wie der Kafka war – und erwirbt schließlich einen besonders langen Bleistift, »an dessen Ende ein winziges farbenfrohes Häuschen mit der Aufschrift ›Praha‹ angebracht war.«[43]

Auch kann sie nicht der Versuchung widerstehen, das nah am Altstädter Ring entstandene »Sex Machine Museum« in Augenschein zu nehmen – ein in erster Linie ganz offenkundig für touristische Zwecke entstandener und gerade deshalb allzu auffälliger Ort. Auch dort bewahrt sie sich ihren registrierenden und journalistischen Blick – nur so ein ganz, ganz leiser Spott Prager Art scheint dann doch bei der Beschreibung des merkwürdigen Museums in dem Augenblick durch, als sie sich auf ein Gespräch mit dem jungen Kassenmitarbeiter des Museums einlässt und dieser sie alsbald mit einem ermäßigten Einheimischen-Eintrittspreis in die Ausstellung locken will: »Besten Dank für Ihr freundliches Angebot, aber mein Interesse ist bereits voll gestillt. Bleiben Sie gesund!«[44]

Reinerová gelingt das Unmögliche: eine Beschwörung des magischen Prag, die es zugleich entzaubert. Folgt man den Wegen und Geschichten der Autorin, kann man tatsächlich ein Prag erleben, wie man es in den Touristenführern nicht findet: Sie erinnert sich an ihre Kindheit im ehemaligen Arbeiterstadtteil Karlín, als ein in der Nähe gastierender Zirkus bei ihren Eltern im Eisenwarenladen eine schwere Kette für den Löwen kaufte und die Kinder des Viertels deshalb Respekt vor ihr hatten, sie erinnert sich auch an das verheerende Hochwasser im Jahr 2002, das den Stadtteil komplett verwüstete – sie beschreibt diese Kirche und diesen Park davor und die Kneipe, die es früher einmal mitten in Karlín gab und was tatsächlich in genau dieser Konstellation bis heute existiert.

Sie plaudert mit dem alten Wärter auf dem Neuen Jüdischen Friedhof, während sie auf Journalisten wartet, sie denkt an die Boženka, die ihr einst im Haushalt half und die später zu einer

Freundin wurde und quasi zur Familie gehörte, diese Boženka, die manchmal von einer Endstation der Straßenbahn zur anderen fuhr, um zu sehen, wie Prag sich schon wieder verändert hatte, wie es schon wieder gewachsen war. Und ist dennoch bei alledem manchmal sogar kritisch mit sich selbst: »Will ich nur die schönen Seiten von Prag und meiner Heimat wahrhaben?«, fragt sie sich, als sie während eines Flugs nach London auf eine Romafamilie trifft, die aus Nordböhmen wegzieht, obwohl niemand aus der Familie Englisch spricht – weil es in Tschechien schlichtweg keine Zukunft für sie gibt.

Übrigens räumt Reinerová auch mit einer Sache ganz entschieden auf, anstatt den Mythos weiter zu pflegen: Entgegen anders lautender Behauptungen in manchen Zeitungsartikeln über sie, so erzählt es die letzte auf Deutsch schreibende Autorin Prags, sei sie keine gute Bekannte von Franz Kafka gewesen – schließlich war sie gerade mal acht Jahre alt, als Kafka starb. Auch auf das Insistieren einer Journalistin hin, sie solle doch mal sagen, wie dieser Kafka so auf sie gewirkt habe, konnte sie nur beteuern, dass sie ihn eben einfach nicht kannte. Obwohl, so ganz stimmt das nicht: In »Das Traumcafé einer Pragerin« sitzt er zumindest in Reinerovás Imagination mit ihr am Tisch, und sie plaudern. Ob er schon bemerkt habe, fragt sie den blassen Kafka, dass es mittlerweile Postkarten mit seinem Konterfei in Prag zu kaufen gibt. Kafka ist erstaunt und will wissen, ob denn nicht zumindest auch Rilke und Werfel auf Ansichtskarten verewigt seien. Die Erzählerin antwortet Herrn Kafka so ehrlich wie entwaffnend: »Gewiß, aber der Schlager, verzeihen Sie, der Schlager sind eben Sie. Das ist nicht zu übersehen.«[45] Kaum jemand bietet, egal ob man zum ersten Mal kommt oder schon längst verliebt ist, einen so ehrlichen, historischen und zugleich gegenwärtigen Blick auf Prag wie Lenka Reinerová – die den unwiderstehlichen Charme der Stadt an der Moldau selbst so zusammenfasst: »Prag ist bis heute dank seiner Anlage und als Metropole eines recht kleinen Staates eine intime Großstadt. Es verkörpert die endlose Reihe unserer Träume und Wünsche, verwoben mit der bestehenden Wirklichkeit, für die wir jedoch mitverantwortlich sind.«[46]

Wahrscheinlich sitzt Lenka Reinerová tagtäglich am Fenster ihres Traumcafés, diesem allerschönsten Kaffeehaus überhaupt, dessen Weg so kompliziert zu finden ist, dass man dafür die Augen ganz fest schließen muss. Sie sitzt dort, nippt in Ruhe an ihrem heißen Getränk und blickt liebevoll und manchmal auch ein wenig besorgt auf Prag hinab, schüttelt vielleicht den Kopf manchmal, wenn sie das Treiben auf der Prager Burg erblickt, freut sich, wenn ihr einige junge Kaffeehausintellektuelle ins Auge fallen. Sie schaut einfach regelmäßig nach, ob noch alles in Ordnung ist in ihrer großen, kleinen Stadt, wie gemacht für die großen und kleinen Sehnsüchte und Träume und Begierden, die uns alle bewegen, oft in allen Farben der Sonne und manchmal eben auch in denen der Nacht.

FÜNFTES BIER

Herr Blumfeld serviert. Eine letzte Rettung

Und, können Sie noch? Ab dem fünften Bier merkt man schon mal was, nicht wahr? Ach, stoßen wir an, bevor ich Ihnen was Trauriges erzähle. Prost!

Wissen Sie, irgendwann wollte ich nämlich einfach abhauen. Mir war nicht mehr zu helfen. Nicht jetzt, nicht hier. Falsche Zeit, falsches Leben, falscher Ort. Ich quälte mich, und nirgendwo sonst schmeckte diese Qual so bitter wie in Prag. Was merkwürdig war, aber in sich vollkommen logisch: Gerade weil ich diesen Ort so sehr liebte, war ich angreifbar wie nirgends sonst. Das alles hatte allein mit mir zu tun, und die Umstände machten die Lage erst richtig aussichtslos: Unangenehme Herbsttage der schlimmen Sorte beherrschten die Stadt, der Nebel wollte sich gar nicht lichten, man bekam kaum Luft, beißender Gestank von Teer und Abgasen waberte durch die Straßen. Nichts war mehr aus Gold, Prag war rostig und verschnupft und verkatert und übellaunig und abweisend und zeigte sich von seiner schmutzigsten, von seiner schlechtesten Seite – ich tat es Prag gleich. Auf den Straßen rempelten die Leute einander an, ich rempelte mutwillig mit, so sehr war ich auf Krawall gebürstet. Sogar mit einem Straßenbahnfahrer, der zu rasch in die Kurven bog und an jeder Station unnötig heftig bremste, woraufhin die ohnedies schon gereizten Fahrgäste übereinanderstürzten und nur noch übellauniger wurden, hatte ich mich angelegt, er hatte sogar seine Fahrerkabine verlassen, mit Fäusten in der Luft wurde einander gedroht, standen wir uns gegenüber, beinahe wäre die Angelegenheit eskaliert.

Das war also die Zeit, in der ich mich von Prag im Stich gelassen fühlte. Murmelnd stapfte ich durch die Straßen, allein im Zwiegespräch, wäre ich mir selbst begegnet, ich hätte mich vor mir gefürchtet. Wie immer war die Stadt nur der Verstärker, ein Brennglas, das direkt auf meine Seele gerichtet war und das Feuer der Verzweiflung so richtig entfachte. Neigte ich etwa zur Übertreibung oder gar zum Pathos? Auch das war einerlei, auch das hatte einzig und allein Prag zu verantworten. Immerhin, es gab Gründe: Ich hatte meine Mission für einige Tage unterbrechen müssen wegen einer schlechten Nachricht, ich hatte zu einer Beerdigung gemusst und Stadt und Land verlassen, ich hatte darauf gesetzt, dass mich Prag wieder so auffangen, mich wieder so aufnehmen würde, wie ich es gewohnt war, voller Aufregung und Zuneigung und Trost. Doch stattdessen verkürzte das alte Mütterchen garstig die Tage, immerhin war schon November, schickte es mir alle möglichen Menetekel, die nur einen Rückschluss zuließen: Ich musste hier weg. Alles hinschmeißen. So abreisen, wie ich auch angekommen war: mit leichtem Gepäck und einem schweren Ziehen im Bauch, für das es diesmal ganz unorganische Gründe gab. Letzte Rettung: aussichtslos.

Allerspätestens nach der Konfrontation mit dem Straßenbahnfahrer war mir klar: Ich würde den Winter, und daran glaubte ich felsenfest, hier nicht schadlos überstehen. Einige Nächte lang hatte ich mir die Konsequenzen durch den Kopf gehen lassen:

Würde mir die »Organisation« an den Kragen gehen? Aber was genau sollte sie denn sanktionieren? Zwischen uns existierte kein schriftlicher Vertrag, ja, noch nicht mal eine mündliche Absprache. Und wo blieben vor allem die Aufträge?

Ich hörte nichts mehr von denen, die eine Seelenkunde von mir verlangten, die mir zur Seelenpein geworden war, also dachte ich mir, sie hätten das Interesse an mir verloren und schon längst auf ein anderes Pferd gesetzt, während sie sich nicht trauten, mir das geradeheraus mitzuteilen.

Ich redete mir ein, dass ich nach dieser Prager Zeit einfach zurück in mein altes Leben schlüpfen und so tun könnte, als wäre all das hier nicht passiert. Verschwinden wie ein Tourist, sich vom Hof machen wie ein ungebetener Gast, nicht hier gewesen sein. Es würden einige Fotos bleiben, einige Bierdeckel mit Strichen, ein Lehrbuch der tschechischen Sprache und eine Handvoll Schwermut und Nostalgie.

Ich tat, was zu tun war: Ich packte meine Siebensachen, ich räumte meine verknickten Ansichtskarten und Notizen und handgeschriebenen Kneipenrechnungen als Erinnerung an Tage, Abende und Nächte auf einen Haufen, dachte sogar kurz darüber nach, auf meinem Balkon einfach alles abzufackeln, aber dann räumte ich die Relikte zusammen, ich hatte einen Kloß im Hals und schob meine tränenden Augen auf den beißenden Qualm, der aus den Schornsteinen drang, ich suchte mir eine umständliche Zugverbindung heraus, zum Fliegen war es jetzt zu spät.

Dann wurde mein schlechtes Gewissen zu groß: Das konnte ich nicht machen, jedenfalls nicht so. Natürlich ging es mir nicht gut, natürlich gab es Gründe, denen gegenüber Prag ohnmächtig war, natürlich hatte die »Organisation« damit nichts zu tun, gar nichts, im Grunde konnte ich doch sogar froh sein über ihr Schweigen, für einen Auftrag war in den Wochen davor ja nicht mal Zeit geblieben, war ich für nichts zu gebrauchen, und ganz offensichtlich ließen mich die Hohen Herren der »Organisation« einfach gewähren. Also gut, sagte ich mir, mach einen Spaziergang zur Beruhigung, eine letzte Nacht hier wirst du noch überstehen, notfalls schlaflos, und morgen fährst du in aller Frühe los und beendest dieses Trauerspiel, das allein du gerade fabrizierst. Ja, das war ich ihnen schuldig: Ich würde einen Bericht an die »Organisation« verfassen, um die Gründe für meine Abreise darzulegen, ein Dokument über die Schwere der Stadt, die es zweifelsohne eben auch gab, das Resultat meiner Forschungen über das Traurige und das Melancholische, vielleicht nicht der Hauptaspekt der gewünschten Seelenforschung, aber immerhin ein nicht zu vernachlässigender.

Ich zog meine Regenjacke an und atmete mehrmals durch, ich beschloss, mich nicht von pöbelnden Passanten zu einem pöbelnden Passanten machen zu lassen, ich war unter Umständen sogar bereit, mich für den Fall eines etwaigen Wiedersehens bei dem Straßenbahnfahrer zu entschuldigen und ihm die Hand zu reichen – vorausgesetzt, er würde mir gegenüber seinen unangemessenen Fahrstil in angemessener Weise anerkennen.

Ich ging los. Bald schon kam der Fluss, überquerte ich die Moldau, blickte ich auf die Burg, sah ich auf die Brücken, schaute ich sie an, die ganze Pracht, Kitsch, zischte ich leise vor mich hin, Kitsch, Kitsch und nochmals Kitsch, und war währenddessen ganz gerührt. Aber die Rührung würde mir schon wieder vergehen, ganz bewusst steuerte ich den historischen Teil an, spätestens am Altstädter Ring würde ich mir selbst für meine Entscheidung applaudieren, schon am nächsten Tag kein Bewohner dieser Stadt hier mehr zu sein. Inmitten der Touristenscharen stehen und endgültig meinen Glauben an Prag verlieren, das war mein Ziel. Ich würde einen kleinen, lauten und wüsten Monolog halten, der die Touristengruppen in Panik versetzen würde, die einzige Erinnerung, die ihnen als Erzählung daheim bliebe, ich würde ihnen die Kontrolle über die Stadt symbolisch übergeben und mich zurückziehen aus dem operativen Geschäft des Prager Lebens.

Doch so leicht machte es mir Prag nicht an diesem bittergrauen Herbsttag: Ich spazierte fast ganz für mich allein, und wenn mir Menschen begegneten, dann verhuscht und mit hochgeschlagenen Mantelkrägen. Es war fast schon idyllisch, um nicht Gefahr zu laufen, von Magie zu sprechen.

Ich lief über das Kopfsteinpflaster und musste zugeben, dass sich die Schönheit selbst bei äußerst schlechter Laune nicht wegleugnen ließ: Sollen wir das alles wirklich nochmals durchkauen? Die prunkvollen Straßen, die prächtigen Gassen, das unscheinbare und enge Gässchen, in das ich jetzt einbog und das ich noch nie zuvor gesehen hatte. Ich konnte mich wehren, wie ich wollte, es gefiel mir, was ich sah. Es gefiel mir sehr.

Ich blieb stehen.

Nein, sagte ich mir, sei vernünftig, du lässt dich jetzt nicht mehr umgarnen vom falschen Schimmer, du bist raus, du hast dich entschieden, und dazu stehst du, du wirst diese Stadt verlassen.

Meine Gedanken zirkulierten, ich stand ganz still. Gerade noch schnupperte ich in die Luft, als würde ich nach meinem Herrchen suchen, ich stellte fest, dass mir das Atmen schon leichter fiel, ich schob es auf mein fest geplantes und überstürztes Verlassen der Stadt, das mir die Seele leichter machte, ich stand also da und träumte und dachte vor mich hin, als mich ein Mann mit selbstbewusster Bewegung an die Schulter stieß. Die Einsamkeit, sagte der Mann, da müssen Sie ran. Was erlauben Sie sich, sagte ich etwas zu laut, etwas zu empört und etwas zu reflexartig. Wieder eine Figur, die aus der Zeit gefallen schien: Hose und Hemd und Weste und Frack, die allerfeinsten Stoffe, doch alles auch schon etwas fadenscheinig und fragil, als hätte der kleine und ältere Herr sich nur für mich nochmals stadtfein gemacht. Bis auf sein altmodisches Auftreten war nichts auffällig an ihm, obwohl, doch, der Herr knetete unentwegt mit der linken Hand in der Tasche seines Jacketts herum, als würde er dort etwas festhalten oder vor mir verbergen wollen. Folgen Sie mir bitte, sagte er und ging eiligen Schrittes voraus, während die Gasse immer tiefer und zugleich breiter wurde, aus unbekanntem Grund hatte ich plötzlich Angst, den Weg zurück nicht mehr zu finden, zugleich war ich gespannt auf das, was jetzt kommen sollte. Ich ging mit ihm mit, es kam mir so vor, als hätte ich gar keine Wahl. Blumfeld, sagte der Mann, sehr angenehm. Er blieb stehen, reichte mir kurz und fest seine Hand und sah mir in die Augen. Auch ich stellte mich ihm vor. Eigenartigerweise wusste ich in diesem einen Moment, dass ich nicht würde fahren können, ja, dass ich nicht fahren wollte. Ich war doch noch in der richtigen Zeit, im richtigen Leben, am richtigen Ort.

Blumfeld ging weiter, kopfschüttelnd. Niemand sollte so leiden, sagte er, erst recht nicht in dieser Stadt. Woher sprach er überhaupt so selbstverständlich meine Sprache, noch dazu mit diesem hingebungsvollen Akzent, gegen den man machtlos war? Wer hatte ihn mir geschickt? Und was wollte er von mir? Keine Sorge, das ist keine Falle, sagte Blumfeld, und jetzt war eh alles egal, Prag eben, schon gut, dachte ich also, dann belauscht er eben meine Gedanken. Keine Sorge, sagte Blumfeld, Ihnen passiert nur Gutes, Sie sind nämlich mein Auftrag. Kennen Sie die »Organisation«? Ich blieb stehen. Das gibt es doch nicht, sagte ich, seit Monaten frage ich herum, und alle tun so, als verstünden sie nur Bahnhof, das kann doch nicht … immer noch war ich viel zu überrascht und stand mitten auf der Straße.

Blumfeld hingegen ließ sich nicht aus der Ruhe bringen und lief weiter: Nun tun Sie nicht so überrascht und kommen Sie ins Warme, Sie wissen doch, dass Prag sich gerade von seiner kalten und hässlichen Seite zeigt, Sie verkühlen sich doch nur.

Alle möglichen Dinge gingen mir durch den Kopf: War diese Sache mit der »Organisation« also ein Projekt für die Unendlichkeit? War ich einer von Blumfelds Nachfolgern – ohne dass seine Mission jemals für beendet erklärt worden war? War es der Versuch einer letzten Rettung? Wusste Blumfeld deshalb so gut über mich Bescheid?

Munter, rief Blumfeld jetzt fröhlich, nahm sogar seine Linke kurz aus der Hosentasche und klatschte in die Hände, kommen Sie nur herein.

Über der Tür war ein liebevoll handgemaltes, großes Schild angebracht: KAFFEEHAUS BLUMFELD. Ich ging hinein, und tatsächlich war es im Inneren gleich ganz warm und behaglich. Immerhin, ich träumte gerade keinen historischer Traum, aus dem ich jeden Augenblick erwachen konnte, an dem zusammengewürfelten Mobiliar saßen Menschen aus Fleisch und Blut, alle für sich und vertieft, sie tranken Kaffee und Tee und aßen Kuchen, tippten auf ihre Computer oder Telefone ein oder schrieben in Notizbücher. Wobei niemand unglücklich aussah, eine ungeheure Zuversicht ging von diesem Ort aus, als wüssten alle hier um ihre Bestimmung, als wäre dieses Kaffeehaus eine Bastion gegen die Einsamkeit. Blumfeld nickte natürlich sogleich zustimmend und sagte: Guter Gedanke. Habe ich mir auch damals so überlegt, wissen Sie, ein Kaffeehaus gründet man ja nicht von heute auf morgen. Erst recht nicht in meinem Alter. Die Krux an dieser Stadt, sagte Blumfeld, das ist Ihnen ja auch schon aufgefallen, ist die vermaledeite Intensivierung eines jeden existenziellen Gefühls. Wenn Sie glücklich sind, dann werden Sie es nirgendwo auf der Welt wieder so sehr sein wie hier. Dann ist es wie besonders veredeltes Glück. Daher die Sehnsucht. Daher der Wunsch, immer wieder zurückzukehren. Aber wenn das Unglück kommt … Ach weh, oje. Dann ist einem alles vergällt, reden wir besser nicht darüber. Ich selbst, sagte Blumfeld, war einsam, so einsam, das übertrifft sogar Ihre Vorstellungen davon. Und Prag verleidete mir das Leben selbstverständlich nur noch mehr. Stellen Sie sich mal vor, sagte Blumfeld, sogar diese Sache mit dem Straßenbahnfahrer habe ich bereits …

Er brach ab und prustete los. Auch ich musste lachen. Einzelne Gäste blickten irritiert, jedoch sehr freundlich auf, bevor sie sich wieder geradezu selig ihrem Alleinsein widmeten. Blumfeld hatte seine Jacke ausgezogen und war hinter den Tresen getreten, erst jetzt entdeckte ich, was er die ganze Zeit in seiner Tasche angestellt hatte: Er knetete rhythmisch zwei kleine Bälle in seiner Hand. Und ich sah, dass er damit nicht allein war: Einige der Gäste bewegten diese tischtennisballgroßen Kugeln in ihren Händen.

Extrem beruhigend, sagte Blumfeld, das hat die Leute von Anfang an angezogen, wollen Sie auch? Warum nicht, sagte ich, und Blumfeld reichte auch mir zwei Bälle. Ich drückte sie zwischen meinen Fingern und hatte das Gefühl, dass sie ein Eigenleben führten, dass sie sich in gewisser Weise bewegten, von ihnen ging eine eigenartige Energie aus, mir war, als würden sie durch ihre bloße Existenz die schwerste Last von meinen Schultern nehmen. Da gucken Sie wohl, sagte Blumfeld, da gucken Sie wohl, und servierte mir eine Tasse Kaffee. Danke, sagte ich, trank und sah mich um: Ein etwas altmodisches Kaffeehaus, durchaus in die Jahre gekommen, aber dennoch typisch für hiesige Verhältnisse, offenkundig eher frequentiert von Einheimischen – nichts deutete auf Abweichungen hin, wären da nicht die beruhigenden Bälle gewesen und der Kauz, der mich überhaupt an diesen Ort geschleppt hatte.

Als wüsste er wieder mal genau über meine Gedanken Bescheid, trat Blumfeld näher an mich heran: Haben Sie Fragen? Was genau ist Ihr Auftrag, sagte ich, ohne eine Antwort zu erwarten. Blumfeld kicherte. Mein Auftrag ist Ihr Auftrag, sagte er. Eine Hand wäscht die andere. Sie kommen zu mir ins Café und vergessen ganz schnell, dass Sie gerade noch abhauen wollten. Es wird Ihnen besser gehen. Im Gegenzug helfen Sie mir bei einigen Erledigungen, so haben wir beide was davon. Was sagen Sie? Abgemacht, sagte ich zu Blumfeld, während ich in der linken Hand mittlerweile schon routiniert die Zelluloidbälle knetete, abgemacht, antwortete Blumfeld, der in dieselbe Tätigkeit vertieft war.

Geradezu beschwingt lief ich zurück nach Hause, und obwohl mich ein Regenschauer erwischte und ich trotz Regenjacke nass bis auf die Knochen wieder bei mir ankam, war die alte Kraft zurück, und mir fiel natürlich ein, dass mich die Stadt das doch eigentlich schon öfter gelehrt hatte, nur nie so entschieden und so rabiat: Am Punkt der größtmöglichen Verzweiflung, immer dann, wenn nur noch an Flucht zu denken ist, in diesem Bruchteil eines Augenblicks, in dem es kein Zurück mehr gibt, man selbst nicht mehr daran glaubt, da hat das Mütterchen Mitgefühl, da kommt das, was dich rettet, für einen Moment, für einen Abend, für längere Zeit. Später duschte ich mich heiß und konnte vor Aufregung kaum einschlafen. Was hatte dieser seltsame Herr Blumfeld denn schon groß ausgerichtet? Und weshalb zweifelte ich nicht an meinem Verstand, wenn ein alter Mann in der angestaubten Kleidung eines ehemaligen Prager Großbürgers meine Gedanken lesen konnte?

Am nächsten Morgen stand ich pünktlich auf der Matte und fand das Kaffeehaus unverändert vor, auch wenn das natürlich nicht sein konnte, es kam mir fast so vor, als hätte sich die Besetzung der Kaffeehaustische von einem Tag auf den anderen nicht verändert, als säßen sie hier immer noch alle und leisteten einander Gesellschaft. In den nächsten Wochen brachte mir Blumfeld einerseits bei, wie ich den Kaffee richtig brühte und was in den jeweiligen Tee kam, andererseits erfuhr ich mehr aus seinem Leben: Ein Junggeselle sei er gewesen und sei es immer noch, ein Mensch, der an seiner rastlosen Einsamkeit fast eingegangen wäre, bis er sich selbst eben gesagt hätte, dass die Epoche der Einsamen irgendwann auch ein Ende haben müsse. Und so sei die Idee zu diesem Kaffeehaus entstanden, keinerlei Werbung, lediglich Mund-zu-Mund-Propaganda von Besucher zu Besucher.

Bald duzten wir uns, bald weihte mich Blumfeld in seine schrulligen Pläne ein, die er im Geheimen pflegte: Er träume von einer Art Notfallstation für Einsame, die Bälleberuhigung sei erst der Anfang, er stelle sich vor, dass man in einem Nebenraum freiwillig gekitzelt werden könnte, um die Schwermut zu vertreiben, er zeigte mir Pläne und Fotos und Skizzen für ein sogenanntes »Zimmer der Geborgenheit«, nichts Schweinisches, wie er gleich ergänzte, nur ein durch und durch mit weichen und wohligen Flächen versehener Raum, in dem man unter seiner Aufsicht liegen könnte wie in einem überdimensionalen Bett. Wie selbstverständlich hörte ich ihm nickend zu, Zweifel erschienen mir zutiefst unangemessen.

Ein einziges Thema war Tabu: Ich durfte Blumfeld nicht nach der Organisation fragen. Tat ich es, dann sprach er laut über meine Fragen hinweg, zeigte sogar manchmal einen kurzen Anflug von Ungeduld oder gar Zorn, was ich sonst bei ihm nie beobachtet hatte. Als Reaktion knetete er die Bälle in seiner Hand nur noch stärker als üblich, und schon war seine Laune gerettet.

Die Begegnungen mit Blumfeld vertrieben meine Bitterkeit und meinen Schmerz, für den allein ich etwas konnte – nach und nach erholte ich mich, und parallel zu mir erholte sich auch die ganze Stadt, lächelten die Menschen einander wieder an, fuhr die Straßenbahn wieder langsamer und sicherer und kam trotzdem stets pünktlich an, verschwand der Smog, war die Luft wieder klar – und selbst die kürzer werdenden Tage machten mir nichts mehr aus. Blumfeld blieb seltsam wie eh und je. Und niemals wurde es mir langweilig: An einem Tag teilte mir der wunderliche Herr lapidar mit, dass er einen gebrauchten Tisch mit vier Stühlen erworben habe, um im dunklen Winter mehr Sitzmöglichkeiten zu bieten, und da Blumfeld schon lange keinen Führerschein mehr besaß, fuhren wir bis in die Südstadt, holten die Möbel aus dem Erdgeschoss eines Plattenbaus und luden Tisch und Stühle wie selbstverständlich wieder in die Metro ein, um uns für die Viertelstunde der Fahrt und unter den amüsierten Blicken der Mitreisenden auf den Tisch zu setzen und unsere Beine baumeln zu lassen. Wir waren wie die Kinder, unbeschwert und frei.

Es war Dezember geworden, vor Weihnachten verabschiedete sich Blumfeld von mir, sein Kaffeehaus schloss über die Feiertage – es war ein seltsam rührseliger Abschied, und tatsächlich zog ich kurzzeitig in Erwägung, dass es sich um eine endgültige Zeremonie handeln könnte. Denn Blumfeld umarmte mich lang und knetete die Bälle in seiner linken Hand so heftig, wie ich es noch nie bei ihm erlebt hatte.

Aber eigentlich durfte ich mich nicht beklagen: Die Tage wurden wieder länger, und mit dem stückweisen Verschwinden der Dunkelheit kam es auch mir so vor, als sei ich wieder ganz frei, als sei Blumfelds und meine Mission im Namen der »Organisation« erfüllt, als wisse ich jetzt alles über die Prager Einsamkeit, und was man gegen sie tun könne, als gebe es hier nichts mehr zu tun für Seelenkundler wie uns.

Einige Tage nach Neujahr ging ich denselben Weg, der mich Wochen vorher zu Blumfeld geführt hatte. Über die Moldau, durch die Altstadt, durch die Straßen in die Gasse und von der Gasse in dieses Gässchen. Doch es gab kein Kaffeehaus mehr. Ich blieb vor dem Gebäude stehen, alles war verrammelt und verriegelt, zwischen den Jahren hatte alles hier Staub angesetzt, waren die Fenster verschmutzt, war sogar das Schild über dem Kaffeehaus verschwunden.

Ich klopfte und rief nach Herrn Blumfeld – nichts. Eine alte Nachbarin öffnete irgendwann das Fenster und beklagte sich über den Lärm – ich fragte sie nach dem Kaffeehaus, das doch vor Weihnachten noch an dieser Stelle gewesen war, doch sie sah mich an, als hätte ich den Verstand verloren: kein Café, nicht hier, nicht vor Monaten und auch nicht in den letzten Jahrzehnten.

Ich nickte kurz, murmelte beschwichtigend was von einem Irrtum, und die Nachbarin wiederum wies mich auf andere Cafés in der näheren Umgebung hin und schloss ihr Fenster wieder. Da stand ich nun also und war eigentlich nicht besonders überrascht. Allein war ich jetzt wieder in dieser Stadt, aber eben nicht mehr einsam.

Es machte mich kurz furchtbar traurig, denn ich wusste, dass ich Blumfeld nie wiedersehen würde, dass das der Preis des Auftrags gewesen war. Also rüttelte ich ein letztes Mal an der Tür in der Hoffnung, dass mir doch noch ein letztes Mal ein Kaffee von Herrn Blumfeld serviert werden würde, und gleich quälte mich die Vergeblichkeit meines Versuchs. Doch nirgendwo sonst, das war gleich mein Trost, schmeckte diese Qual so süß wie hier.

Der Präsident ist tot.

Ein viel, viel zu später Nachruf auf Václav Havel

Für einen Wintertag kurz vor Weihnachten zeigte sich das Wetter erstaunlich mild, sogar der Himmel über Prag war strahlend blau. Ich freute mich auf einen freien Morgen. Mir war nach ein wenig Kitsch, ich wollte von meinem Viertel aus zur Moldau hinabsteigen, auf das Panorama und die Prager Burg schauen und am Fluss entlanglaufen, um danach im »Louvre« zu frühstücken, einem der bis heute schönsten Cafés der Stadt. Aber dann klingelte mein Telefon, und ich sah, wie dunkle Wolken über dem Kaffeehaus aufzogen und das opulente Frühstück mit Eierspeisen und frischem Saft vor meinen Augen weggetragen und einem anderen Gast hingestellt wurde: Es war die Nummer einer deutschen Tageszeitung. Ich ging an den Apparat. Das ist ja schön, dass ich dich gleich erreiche, sagte der Redakteur. Es war ein Feuilletonredakteur, und ich ahnte schon, worauf das Gespräch hinauslaufen würde. Pass auf, hast du Zeit, bist du gerade in Prag? Ja, sagte ich, in Prag bin ich, aber eigentlich … Schön, du hast es ja selbst mitbekommen, fiel der Redakteur mir ins Wort, da ist bei euch ja bestimmt gewaltig was los jetzt, oder? Ich weiß nicht genau, was du meinst, sagte ich, aber im Augenblick ist es eigentlich eher ruhig, deshalb … Also, hör mal, hier ist die Hölle los, Panik pur, kennt sich einfach keiner damit aus, was da in der

Tschechei los ist, kannst du uns einen kleinen Text machen, so dreitausend Zeichen maximal?

Geht schon, sagte ich, aber jetzt erzähl mir doch mal, worum es überhaupt gehen soll. Komm, keine Zeit für deine Späße, Václav Havel ist gestorben, und wir brauchen einen vernünftigen Nachruf. Also, das Manuskript so in anderthalb Stunden? Danke. Ich muss los! Tschüsstschüss. Aufgelegt.

Natürlich wusste ich viele Dinge über den Präsidenten und Schriftsteller, zusammen mit einer Kollegin hatte ich eine ganze Radiodokumentation über ihn gemacht, weshalb es mich nicht wunderte, dass der Feuilletonredakteur an mich dachte. Natürlich war es richtig, an Havel zu erinnern, man kann schließlich nicht oft genug an ihn denken – nur war er doch schon längst tot. Zwar war er wirklich im Dezember gestorben, immerhin, aber etliche Jahre zuvor. Ich wusste nicht so recht, was ich machen sollte. Wahrscheinlich war es ein dummes Missverständnis oder ein schlechter Scherz, ich versuchte, den Redakteur zurückzurufen: Er ging nicht ran. Also rief ich eine Prager Freundin an, eine Autorin und Übersetzerin, vielleicht gab es ja einen handfesten Grund für die Verwechslung, und der aktuell amtierende Präsident war in Wahrheit überraschend … Nein, auch das konnte ja nicht sein. Was gibt's, fragte die Freundin, ich übersetze gerade fehlerhafte deutsche Literatur in korrektes Tschechisch. Mir ist was Komisches passiert. Die Zeitung hat angerufen, sie wollen einen Nachruf zu Václav Havel von mir haben. Bist du bescheuert, sagte die Freundin, was soll das? Kommst du gerade erst aus der Kneipe, hast du wieder getrunken? Ist okay, sagte ich, war nur ein Spaß. Du bist wirklich manchmal ziemlich seltsam, sagte sie, ich glaub, Prag tut dir auf Dauer nicht so gut. Lass uns morgen einen Kaffee trinken, sagte ich, dann erklär ich dir alles. Mein Gott, sagte sie, was ist denn da los, hast du schon wieder Liebeskummer?

Ich öffnete meinen Computer und wollte dem Redakteur gerade schreiben, da kam eine Nachricht von ihm, zuerst war ich ganz erleichtert, sicher klärte sich die Sache jetzt auf, aber nein: *Wir haben hier mal gesprochen, mach doch bitte fünftausend Zeichen. Danke, bis später.* Ich antwortete ihm gleich: *Ich kann gern fünftausend Zeichen darüber machen, aber Havel ist doch schon seit vielen Jahren nicht mehr da! Meld dich bitte bei mir. Liebe Grüße aus Prag.* Ich wartete fünf Minuten, ich wartete zehn Minuten. Keine Antwort. Als der Redakteur auch nach einer Viertelstunde nicht reagierte, dachte ich: Also gut, dann mache ich eben Nägel mit Köpfen. Wer einen Nachruf bestellt, der soll ihn auch bekommen. Sollte ich es konventionell angehen? Faktenorientiert, aber mit knalligem Einstieg? Ich öffnete ein leeres Dokument und tippte los:

An der Wand eines Wohnblocks in Weimar steht einer der Leitsprüche von Václav Havel: »Hoffnung ist nicht die Überzeugung, dass etwas gut ausgeht, sondern die Gewissheit, dass etwas Sinn hat, egal, wie es ausgeht.«[47] *Der andere Satz von ihm hat ihn noch berühmter gemacht – denn sein politisches wie schriftstellerisches Leben lang versuchte er, nach dieser Maxime zu handeln: »Wahrheit und Liebe müssen siegen über Lüge und Hass!«, eine Parole, die Havel während der Samtenen Revolution im Jahr 1989 in seinen Reden verbreitete. Er war nämlich nicht Schriftsteller und nicht Politiker und nicht Moralist und nicht Präsident seines Landes: Er war alles zugleich. Als er starb, hatte er ein intensives, ein bewegtes Leben gelebt: 1936 wurde Havel in Prag geboren und wuchs in einer großbürgerlichen Familie auf. Nach dem Zwei-*

ten Weltkrieg enteigneten die Kommunisten nicht nur Havels Familie, ihm selbst wurden bei seiner Ausbildung Steine in den Weg gelegt. Erst arbeitete er in einem Chemielabor, durfte dann zwar studieren, aber kein geisteswissenschaftliches Fach. Dass er es dennoch schaffte, Künstler zu werden, verdankte er seinem Job als Bühnentechniker – das berühmte »Theater am Geländer« wurde zu seiner künstlerischen Heimat, hier war er in fast allen Bereichen tätig, als Beleuchter, Dramaturg und Autor. Havel prägte das absurde Theater, indem er über das real existierende absurde Theater in seinem Heimatland schrieb. Nicht konkret, sondern eher strukturell: So sind wir, so sind die Menschen. Nach der Niederschlagung des Prager Frühlings und der Invasion der Truppen des Warschauer Pakts im Jahr 1968 bekam er Publikations- und Aufführungsverbot, war er einer der Sprecher der »Charta 77«, einer Bürgerrechtsbewegung, die mit einer öffentlichkeitswirksamen und international abgedruckten Erklärung gegen die zahlreichen Menschenrechtsverstöße für Aufsehen sorgte. Das Regime reagierte unerbittlich und brutal. Drei Mal wurde er verhaftet, fast fünf Jahre saß Havel im Gefängnis – auch weil er den Vorschlag der Mächtigen ausschlug, das Land in Richtung Amerika zu verlassen. Ohne seine Freunde wollte Havel nicht weg aus der Tschechoslowakei. Er machte sich die unerträgliche Haft irgendwie erträglich. Knetete Schmuckstücke aus Brotteig. Schrieb Briefe an seine Frau Olga. Er verdarb sich die Lungen im unmenschlichen Klima der Gefängniszelle, die widrigen Umstände machten ihn so krank, dass er viel zu früh sterben sollte. Nach der Entlassung aus dem Gefängnis begann Havels Zeit als Politiker: Er wurde zu einem der führenden Köpfe der »Samtenen Revolution«, das lang ersehnte Ende der kommunistischen Herrschaft. Viele hunderttausend Menschen jubelten Havel bei seiner Rede auf dem Prager Wenzelsplatz zu, er wurde Präsident, stellte damit den Politikbetrieb auf den Kopf – ein Vollblutschriftsteller als Staatspräsident, das muss man sich mal vor-

stellen – und brachte frischen Wind auf die Prager Burg. Nachdem er nicht mehr Präsident war, kam er sogar wieder zum Schreiben – und blieb eine wichtige moralische Instanz, wie sie heute mehr denn je fehlt.

Ich war nicht zufrieden: Gut, ich hatte mich an die Fakten gehalten, aber die konnte man jederzeit nachlesen. Sollte ich etwas direkter anfangen? Mit dem Tag, an dem er für immer verschwand? Dass das alles meiner Meinung nach schon viele Jahre her war, musste ich ja nicht unbedingt erwähnen. Ich löschte, was ich bis dahin geschrieben hatte, und begann von vorn:

Natürlich ist der Tod eines bekannten Politikers, der sein Land über Jahre geprägt hat, immer ein Grund für besondere Bestürzung. Doch kann man sich die Szenen kaum vorstellen, die sich abspielten, als die Nachricht vom Tod Václav Havels die Runde in Prag machte. Ich selbst war an diesem Tag mehr zufällig in der Stadt, es war ein eisig kalter Sonntag, ein vierter Advent, der trister nicht hätte ausfallen können: Der Präsident ist tot. Die Meldung verbreitete sich in der tschechischen Hauptstadt wie ein Lauffeuer. Václav Havel war ja viel mehr als ein Politiker, sosehr manche ihn auch für einen Träumer und Idealisten hielten: Letztlich hatte er das Versprechen von Freiheit für sein Land eingelöst – und die ersten Jahre dieser neuen und demokratischen Freiheit maßgeblich geprägt, im Inland, aber auch bei seinen Auslandsbesuchen. Dass er nach dem Ausscheiden aus dem Amt immer noch »Herr Präsident« genannt wurde, obwohl schon ganz andere Herren auf ganz andere Art und Weise das Land regierten, spricht für sich. Wahrscheinlich, so fühlte es sich an, merkten die Tschechinnen und Tschechen an diesem Adventssonntag in aller Konsequenz, was sie mit Havels Tod verloren hatten. Ganz Prag verwandelte sich innerhalb von kürzester Zeit in ein Meer aus Kerzen, obwohl es bitterkalt war, kamen Menschen zusammen, bildeten sich lange Trauerzüge, die durch die Gassen der Altstadt drängten. Es war eine wahrhaftige Liebeserklärung für einen Menschen, der ja selbst immer an Wahrheit und Liebe geglaubt hatte.

Mein Telefon piepte. Ich sah nach: Eine neue Nachricht auf der Mailbox. Warum hatte es nicht geklingelt? Ich ärgerte mich und hätte fast den Computer vom Tisch gefegt, so wütend war ich mittlerweile – einerseits, weil ich diesen zwecklosen Nachruf schreiben sollte, andererseits, weil auch mir plötzlich wieder klar wurde, was es bedeutete, wenn Menschen wie Václav Havel nicht mehr da waren, nennen wir sie ruhig idealistische Träumer, sagen wir ruhig, dass sie an der Wirklichkeit vorbei existieren, finden wir es ruhig weltfremd, dass sie keine Basta-Typen sind, sondern Entscheidungen manchmal gar melancholisch abwägen und lange überlegen, bevor sie sich für das eine oder das andere entscheiden. Ich bin der Präsident der Wahrheit und nicht der Lüge, hatte Havel während einer Koalitionsverhandlung gerufen, weil er seinem Volk keine zurechtgebogenen Fakten präsentieren wollte. Ich rief die Mailbox an. Der Redakteur. Ich wusste es. Ganz, ganz kurz, ich hoffe, du hast noch nicht angefangen, wir haben das hier nochmals rückbesprochen, wir sind ja in erster Linie, wie du weißt, an Hochkultur interessiert, das wäre uns also ziemlich wichtig, auch in diesem Fall, Václav Havel als Kulturbürger, Fokus Schreiben, den langweiligen Rest erzählen dann die anderen Zeitungen, ja!? Danke, Tschüsstschüss. Tschüsstschüss, sagte ich laut vor mich hin, warf das Telefon auf den Tisch, löschte meine melancholische Beschreibung von Havels Todestag im Jahr 2011 und fing wieder von vorn an. Mittlerweile hatte mich der Ehrgeiz gepackt, sollten sie sich doch blamieren und einen viel zu späten Nachruf drucken. Ich konnte das Geld gut gebrauchen, und ich wollte meine Sache ordentlich machen:

Die Karriere des Schriftstellers Václav Havel begann schon in dessen Kindheit, wie er selbst mal in einem Interview mit dem tschechischen Rundfunk erzählte. Früh zeichnete er seinen ersten Comic, eine Geschichte um die Fabrik »ŠKODOVKA«, die es tatsächlich gegeben hat. Wahrscheinlich hat der kleine Václav in seiner Familie von Unternehmern viel von ihr gehört. »Škoda« bedeutet im Tschechischen »der Schaden«, also stellte das Kind sich vor, dass die Firma tatsächlich dafür da sei, Schäden anzurichten. Als Gegenprogramm erschuf er in seinem Comic ein Unternehmen, das nur und ausschließlich Gutes herstellt. Und er zeichnete sich selbst, wie er die Fabrik immer weiter verbesserte und dafür von den Menschen immer mehr geliebt wurde. So zumindest erinnerte sich der Autor an seine Kindheit in einem Radiointerview der Neunziger.

In »Fernverhör«, einem Band, der auf einem Gespräch mit Karel Hvížďala beruht, erzählte Havel von ganz frühen literarischen Versuchen, beispielsweise, dass er als Grundschüler bereits Gedichte geschrieben habe – und im Alter von dreizehn Jahren sogar ein »philosophisches Buch«. Havel ist mit siebenundzwanzig Jahren immer noch ein junger Mann, als sein erstes Stück, »Das Gartenfest«, 1963 uraufgeführt wird. Das »Amt für Auflösung« feiert ein Fest, und was für eins. In Phrasen plappern die Figuren aneinander vorbei, wie von fremden Mechaniken und Mächten gesteuert – und der Protagonist Hugo Pludek wird zum absurden Antihelden dieser Welt: »Die Zeit der festen und unabänderlichen Kategorien, wo A gleich A war und B immer gleich B, ist vorbei. Heute wissen wir genau, daß A oft gleichzeitig B und B gleichzeitig A sein kann, daß B B sein kann, aber auch A und C – wie auch C nicht nur C sein kann, sondern auch A, B und D, und daß unter bestimmten Umständen sogar F nicht nur O, Q und Y sein kann, sondern auch R!«[48] *Das ist ungeheuer seltsam und zugleich ungeheuer komisch. Ein Schreiben, das dem absurden Theater zwar verpflichtet ist – aber letztlich doch tief in der Wirklichkeit gräbt, erst recht in Havels folgendem Stück »Die Benachrichtigung«: Der Autor entwirft »seismographische Studien einer Gesellschaft«*[49]*, wie es im Vorwort zu Havels gesammelten Stücken heißt. Es sind immer die kaum vorstellbaren und grotesken Bedingungen einer kommunistischen Herrschaft, die Havel literarisch karikiert. »Ptydepe« beispielsweise ist die eigentliche Protagonistin in »Die Benachrichtigung«. Eine neue Sprache, die in einem Amt mit unglaublichem Aufwand eingeführt wird – als reine Schikane, denn natürlich geht es in Wahrheit und zwischen den Zeilen um Macht und Unterdrückung, um Gängelung, Hinterhalt und Misstrauen.*

Havel war von seinem ersten publizierten Theaterstück an ein Star: Das Publikum kannte seine Stücke auswendig und blieb nach den Vorstellungen sitzen, um mit den Theatermachern zu diskutieren. Doch dann geriet der Schriftsteller Václav Havel mehr und mehr politisch unter Druck – und wurde so fast zwangsläufig zum Dissidenten. Eine Trilogie von Theaterstücken macht ihn noch berühmter: Drei Texte, in denen jeweils der zurückhaltende, eher schweigsame und schüchterne Ferdinand Vaněk die Hauptrolle spielt und sich selbst hinterfragt – unverkennbar ein Alter Ego Havels.

Im ersten Stück mit dem Titel »Audienz« muss Vaněk beim Brauereimeister antreten – lange Zeit weiß man nicht, wohin die Angelegenheit führen soll. Der Brauereimeister wird immer besoffener und versichert sich der Solidarität seines treuen Angestellten Vaněk, der neben seiner Arbeit »Theaterstücke über Beamte« schreibt und sich mit einem gewissen Kohout trifft – tatsächlich waren der Schriftsteller Pavel Kohout und Václav Havel eng verbunden durch die Charta 77 – mehr und mehr Fragen stellt der Brauereimeister, mehr und mehr Bier trinkt er, während Vaněk nichts trinkt, weil er das »Bier nicht gewöhnt« ist –, am Ende rückt er mit der Sprache heraus: Ferdinand Vaněk soll Berichte über sich selbst schreiben. Was der natürlich geradeheraus ablehnt. »Wissen Sie, die Menschen sind große Schweine«, sagt der Brauereimeister wieder und wieder. Wen er damit meint? Sich selbst? Alle? Alle außer sich? Das Ende des Stücks ist grausam: weil es auf gewisse Weise einfach wieder von vorn beginnt.

Tatsächlich ist die Vaněk-Trilogie ein besonderes Element in Havels Werk: »Audienz« beispielsweise, das Stück über den Brauereimeister, der seinen Arbeiter zur Selbstdenunziation aufruft, entstand in kürzester Zeit. Václav Havel verbrachte damals viel Zeit auf seinem renovierten Bauernhof in Hrádeček, einem Dorf im Nordosten Tschechiens. Der Ort wurde zu einer Anlaufstelle für Dissidenten und verbotene Schriftsteller, dort traf sich der künstlerische Underground – und konnte sich relativ unbehelligt austauschen, unbehelligter auf jeden Fall als im Prag der damaligen Zeit. An einem Wochenende im Jahr 1975 trafen sich Havel und seine Freunde, um sich gegenseitig aus ihren unveröffentlichten Texten vorzulesen – damit er auch etwas hatte zum Vorlesen, schrieb er sein Stück »Audienz«. Dass ausgerechnet »Audienz« in der Folgezeit zu einem der meist gespielten Stücke Havels überhaupt werden würde, damit rechnete er selbst überhaupt nicht, wie die Literaturwissenschaftlerin Markéta Goetz-Stankiewicz in ihrem Vorwort zu den gesammelten Vaněk-Stücken schreibt: »Es war ihm nicht eingefallen, meinte er später, dass das Stück anderen Leuten, die ihn und seine Situation gar nicht kannten, etwas hätte bedeuten können.«[50]

Die Uraufführung seines letzten Teils der Trilogie fand übrigens ohne Havel im Wiener Akademietheater statt, nur einen Monat zuvor war er zu einer mehrjährigen Gefängnisstrafe verurteilt worden, ein vollkommen willkürliches Urteil, wie es auch in einem seiner Stücke vorkommen könnte. Ebenso wie die triste Anekdote, die sich kurz nach seiner Festnahme ereignete und an die Havel sich in einem Interview erinnerte. Da fragten ihn allen Ernstes und ohne Ironie die Polizisten, die ihn verhaftet hatten: »Also, Herr Havel, wann geht das hier alles wohl zugrunde?«

Übrigens sticht immer wieder dieser eine Aspekt ganz besonders hervor: dass die Stücke vor Komik nur so strotzen, so tragisch das Verhandelte auch sein mag – das Publikum soll bei den Aufführungen der ersten Havel-Dramen im Prager »Theater am Geländer« regelrechte Lachkrämpfe gehabt haben. Die Verwandtschaft zu Samuel Beckett, dem anderen großen Schriftsteller des Absurden, ist nicht zu leugnen, ihre enge Verbindung ist sogar verbrieft: Nicht ohne Grund widmete der Nobelpreisträger Beckett aus Solidarität dem inhaftierten Kollegen Havel ein ganzes Theaterstück. Havel selbst, dessen Essays ebenso elegant, komisch und lesenswert sind wie seine Stücke, dachte darüber in seinem Text »Anatomie des Gag« nach, wo er gleich zu Anfang schreibt: »Beweint einer den Tod seiner Frau, ist das kein Gag. Mixt sich jemand einen Gin-Fizz, ist das ebenfalls kein Gag. Wenn jedoch Chaplin die Nachricht erhält, seine Frau sei gestorben, wenn er sich umdreht, vom Weinen geschüttelt wird, sich uns gemächlich wieder zuwendet – und wir feststellen, daß er nicht vom Weinen geschüttelt wurde, sondern sich einen Gin-Fizz mixte, dann ist das ein Gag.«

Havel wird sich damals nicht ausgemalt haben, dass sein schriftstellerisches Werk irgendwann zu den Klassikern der Weltliteratur gehören würde: Havel wurde zu einem der wichtigsten Vertreter des absurden Theaters. Seine Stücke findet man auf den Spielplänen der großen

Häuser heute eher selten. Natürlich, man muss sie auch vor dem ästhetischen, politischen und gesellschaftlichen Hintergrund seiner Zeit und seines Heimatlandes lesen. Aber dennoch: Sind seine grotesken Dramen wirklich nur noch nostalgische Erinnerungen an Vergangenes? Keinesfalls, meint zum Beispiel auch Anna Freimanová, die sich in der umtriebigen Václav-Havel-Bibliothek heute um die Editionen von Havels Schriften kümmert. Mit ihren Kolleginnen und Kollegen würde sie immer scherzen, dass sie im Prinzip seit den Sechzigern in den Stücken von Václav Havel lebten. Betrachtet man die geradezu grotesken politischen Verwerfungen der letzten Jahre, sei es in Tschechien, sei es in Europa insgesamt, dann kann man dem nur zustimmen: Was Havel schrieb, ist zeitlos und hat bis heute seine Gültigkeit.

Ich atmete durch: Tatsächlich hatte ich Raum und Zeit vergessen und wie in einem Rausch über Havels Schreiben geschrieben. Nur war das alles viel zu lang! Fast fünf Seiten, rechnete ich mir aus, vielleicht sogar mehr – das gäbe Ärger mit der Redaktion. Außerdem, Feuilleton hin oder her, war es wirklich das, was von mir verlangt wurde? Wurde ich dem großen Havel damit gerecht? Wäre es nicht viel interessanter, und würde es, das gebe ich zu, zukünftige Aufträge sichern, wenn ich so täte, als könnte ich aus dem Nähkästchen plaudern? Meine Überlegungen führten zu keinem Ende, der Rausch riss mich weiter, ich begann von vorn. Ja, ein Porträt über seine Zeit als Staatspräsident, das würde noch mehr aussagen als die Darstellung seiner Literatur. Erneut legte ich los:

Am 29. Dezember 1989 wurde Václav Havel von der Förderalversammlung zum Staatspräsidenten der Tschechoslowakei gewählt. Um seine in der Neujahrsansprache entwickelte Idee von der »humanen Republik« von Anfang an in die Tat umzusetzen, erschien Havel direkt am nächsten Tag auf der Prager Burg, um die Amtsgeschäfte aufzunehmen. Doch das war gar nicht so einfach: Der 30. Dezember war ein Samstag, und die Burg war geschlossen. Die Wächter mussten geweckt werden, und als sie den Mann vor den Toren fragten, wer er denn nur sei, da antwortete er: »Guten Tag, ich bin der Präsident, und ich will zur Arbeit.«

Sollte man die Erinnerungen an einen berühmten Schriftsteller und Staatspräsidenten tatsächlich mit einer Anekdote beginnen? Normalerweise wahrscheinlich nicht, aber bei Václav Havel hat man ja fast gar keine Wahl. Im Gegenteil, man möchte sogar noch eine weitere Anekdote hinzufügen:

Bei Havels Amtseinführung entstanden Fotos, die um die Welt gingen. Ein Präsident in Hochwasserhosen. Und das bei seiner ersten Parade. Doch so komisch die Bilder auf die Öffentlichkeit wirkten, so tragisch war das, was dahintersteckte: Bis kurz vor seiner Wahl zum Präsidenten war Havel 1989 für mehrere Monate im Gefängnis gewesen und dort abgemagert – seine Anzughose, die er für die Parade aus dem Schrank holte, passte ihm nicht mehr. Nur kann der Oberbefehlshaber der Armee schlecht seine Hose festhalten beim Marschieren – also zog Havel sie so hoch wie möglich, in der Hoffnung, dass sie während des Laufens ein Stück hinunterrutschen würde. Das passierte nicht, und so entstand also das Bild eines Präsidenten in eindeutig zu kurzen Hosen. Ob Havel selbst im Nachhinein darüber gelacht hat? Man kann fast davon ausgehen.

Denn mit ihm passierte das, was man sich bis heute kaum vorstellen kann: Ein mit allen Wassern gewaschener Künstler, ein herausragender Schriftsteller, ein Humanist durch und durch bekam plötzlich die Verantwortung für sein Land. Wenn du Präsident wirst, soll seine Frau Olga damals gedroht haben, dann lasse ich mich scheiden. Havel wurde Präsident – Olga blieb dennoch bei ihm. Er zog in eine Ge-

heimwohnung, seine Leibwächter waren Karatekämpfer, die anfangs auf dem Boden schliefen. Denkt man an die grauen und alten Gesichter der Kommunisten: Was war das für ein Aufbruch, der da auf der Prager Burg passierte! Der Schriftsteller vertraute natürlich seinen Künstlerfreundinnen und Künstlerfreunden, unter anderem, und entsprechend bunt gemischt war die Mannschaft, mit der Václav Havel die Regierungsgeschäfte aufnahm: eine Journalistin, ein Theatermacher, eine Kunstturnerin mit olympischen Goldmedaillen, ein Kunstmaler – und natürlich ein Fürst, Karel Schwarzenberg nämlich, der später Außenminister und selbst Präsidentschaftskandidat wurde – zunächst aber leitete er Havels Kanzlei und besorgte eigenhändig die Ausstattung. Er fuhr dafür selbst nach Wien und nach Nürnberg und wurde so ein geschätzter Kunde bei den Büromaschinenherstellern, denn es fehlte schlichtweg an allem in der ersten Zeit. Für sein Team bürgerte sich nach kurzer Zeit ein Name ein, der bis heute Gültigkeit hat, denn nach wie vor treffen sich seine ersten Mitarbeiterinnen und Mitarbeiter regelmäßig: der Sack Flöhe.

Tatsächlich muss es ein freudiges Chaos gewesen sein, ein riesiges Bühnenspektakel, das sich da tagtäglich auf der Prager Burg abspielte – bis hin zum legeren »Pullovertag«, der irgendwann eingeführt wurde. Doch drei Wochen später wurde der Innenminister entlassen, und die gesamte Havel-Mannschaft musste nach Hause eilen, um sich dem Anlass entsprechend zu kleiden, bevor sie vor die Öffentlichkeit trat. Als Konsequenz wurde das Experiment der lockeren Kleiderordnung wieder beendet.

Havels ehemaliger Pressesprecher und Stilberater Ladislav Špaček sagt, der Präsident sei wirklich ein Enfant terrible gewesen, das man durchaus habe zähmen müssen – wenn er konnte, dann trug er T-Shirts und

Lederjacken und besuchte Konzerte. Eine Anekdote ist bis heute legendär: Als Václav Havel auf Staatsbesuch am Amazonas war, da kam er eines Morgens aus seiner Unterkunft und trug – ein Hemd und Shorts. Sein Sprecher bekam damals fast einen Nervenzusammenbruch, fragte: »Ab wie viel Grad hören Sie auf, Präsident zu sein?« Havel wehrte sich, so gut er konnte – es sei doch so heiß, und alle würden doch auch … Sein Pressesprecher blieb hart und schickte ihn zurück: Man stelle sich nur vor, so Ladislav Špaček, Richard von Weizsäcker wäre auf Staatsbesuchen in kurzen Hosen aufgetaucht – solche Bilder hätte man unbedingt verhindern müssen.

Ein großer Vorwurf der Havel-Kritiker dieser Tage, denen ihr damaliger Präsident vorkommt wie ein idealistischer Träumer ohne Wirklichkeitsbezug und die die tschechischen Kaffeehausintellektuellen verachten und ein Schimpfwort daraus gemacht haben, bezieht sich auf diese Zustände damals: Havel und seine Freunde hätten doch eh nur Späße gemacht, Bier getrunken und ein schönes Leben gehabt. Spricht man mit denjenigen, die dabei waren, dann scheint das sogar auf eine Art zu stimmen – nur eben so ganz anders: Natürlich hatte Havel Sinn für Humor, natürlich agierte da eine für die Politik ganz und gar ungewöhnliche Gruppe, deren wichtigste Basis die Freundschaft untereinander bildete: Havel hatte schließlich seine engen Vertrauten zu politischen Akteuren gemacht, Kulturschaffende bestimmten plötzlich die Agenda des Landes und mussten lernen, sich auf dem diplomatischen Parkett zu bewegen. Und natürlich nahm man sich selbst nicht allzu ernst – nur war das eben das Geheimnis, diese unbeschreiblich anstrengende Zeit überhaupt durchzustehen: Schier Unmögliches musste gestemmt werden, um die plötzliche Freiheit nach der Samtenen Revolution produktiv zu nutzen, um Strukturen aufzubauen, die ja schlichtweg nicht mehr brauchbar waren oder eben zuvor nie existiert hatten.

Und Havel? Machte es sich nicht leicht. Haderte viel, war, so sagt man, eben das Gegenteil von einem Machtpolitiker, Havel selbst, der am Tag zuvor noch nicht ahnte, dass er am nächsten Tag Präsident sein würde, greift das in seinen Erinnerungen unter dem Titel »Fassen Sie sich bitte kurz« selbst auf. Er denkt zurück an seine Zeit als Präsident und stellt fest, dass er für viele Menschen ein Held sei – in Wahrheit aber doch nur ein Angsthase.

Gerade hatte ich die letzte Zeile geschrieben und dachte, dass das doch funktionieren könnte, schließlich ging es ja nun um den Schriftsteller und Politiker, was ja sowieso nicht zu trennen war – und dann ging es ja sogar noch um den Antihelden Václav Havel, das müsste noch rein, dann wäre der Text perfekt. Doch als ich gerade nach der richtigen Stelle für meine Ergänzung schauen wollte, da klingelte mein Telefon. Du, das ist mir jetzt wahnsinnig unangenehm, tut mir leid, dass ich dich da mit deinen Einwänden so ignoriert habe, wir hatten hier einen Systemfehler, weißt du, Softwareumstellung zum Jahreswechsel, eine Stunde lang gingen hier nur Meldungen von 2011 über den Schirm – rate mal, wie das alles rausgekommen ist! Angeblich soll »Stresstest« das Unwort des Jahres sein –, aber das ist doch eine olle Kamelle, das weiß doch jeder! Lustig, hm!? Jedenfalls, nichts für ungut, ich stell dir ein Ausfallhonorar aus, und wenn mal wieder was los ist in der Tschechei, dann denk ich an dich, ja!? Sorry noch mal, ich muss in die Redaktionskonferenz, bis bald, Tschüsstschüss.

Aber ihr könnt doch trotzdem was drucken, sagte ich, ich brüllte schon fast ins Telefon, dann halt keinen Nachruf, aber eine Hommage, so ein Appell einige Jahre danach, das passt doch ins

Feuilleton, ich schreib dir das von mir aus sogar umsonst, das muss man doch mal sagen, das sagen doch auch die, die mit ihm gearbeitet haben, dass er nämlich ganz fürchterlich fehlt, der Václav Havel, dass einer fehlt, der unangenehme Fragen stellt und den man nicht naiv findet, nur weil er moralisch ist, weil er über alles lange nachdenkt, was sind denn das für Zeiten, wo in Tschechien schwarze Listen kursieren, auf denen Freunde von mir stehen, sogenannte »Kaffeehausintellektuelle« und »Havloide«, was ist dieses Europa für ein Ding, wo jeder nur noch an sich denkt und man sich höchstens noch nostalgisch amüsiert über einen Präsidenten in Lederjacke, der noch dazu Bücher geschrieben hat, was sind das denn für Bücher, wo er in seinen Stücken Zustände beschrieb, die so und genau so Wirklichkeit geworden sind, vielleicht nicht direkt, aber zumindest doch der Struktur nach, sicher hat einer wie der Havel Fehler gemacht, viele Fehler, aber das hat er ja auch nie abgestritten, er wollte ja auch kein Fehlerloser sein und kein Mächtiger, und obwohl man das ja alles nicht idealisieren muss, muss man doch sagen, dass dieser Havel so verdammt fehlt, dass so viele Havels so verdammt fehlen und dass wir auch deswegen eine Hommage machen müssen, weil er eben ein echter Künstler war, politisch, ohne politisch sein zu wollen, einer, dem das Leben Schreiben war und das Schreiben Leben, und im Übrigen heißt es schon ewig nicht mehr Tschechei, sondern Tschechien oder Tschechische Republik, hast du das verstanden?

Ich merkte, dass ich fast heiser geworden war, natürlich hatte der Redakteur längst aufgelegt, und ich hatte nur für mich allein gesprochen, mir zitterten die Lippen. So hatte ich mir diesen Morgen nun wirklich nicht vorgestellt – wie könnte es anders sein, der Himmel über Prag war mittlerweile dicht bewölkt, es fing an zu schneien, nur ganz leicht, genau so, wie es einige Jahre zuvor schon gewesen war. Als ich gerade schwach und sentimental wurde, da ging das blöde Telefon schon wieder. Ich nahm den Anruf an. Hallo, sagte eine Frauenstimme. Die Monatszeitschrift für Hochkultur. Herr Becker, Sie leben ja in Prag, und Sie haben es sicher schon gehört: Der Präsident ist tot. Nein, sagte ich. Doch, sagte die Redakteurin von der Monatszeitschrift für Hochkultur. Nein, sagte ich. Doch, sagte sie. Wirklich nicht, sagte ich, Sie haben da wirklich alles falsch verstanden. Das ist ein Fehler im System. Herr Havel ist nämlich gar nicht gestorben. Und ich bin jetzt mit ihm zum Frühstück verabredet. Tschüsstschüss.

Ota aus der Straßenbahn.

Eine Hommage an einen alten Mann, den ich gut kannte

Angeblich fangen solche Geschichten in der Kneipe an. Aber was heißt schon Geschichten? Eher kurze Begegnungen, in jeder von ihnen betritt man einen eigenen Kosmos. Manchmal bestehen sie im Wesentlichen aus einem winzigen Augenblick. Tatsächlich wechselten der Straßenbahnfahrer und ich nämlich nur ein einziges Mal einige Worte miteinander. Danach wusste ich endlich, warum er mich so berührt, warum er mir keine Ruhe gelassen hatte, dieser alte Mann, den ich nicht kannte. Dieser alte Mann, den ich gut kannte.

Die Bierstube hier lag mir aus reiner Nostalgie besonders am Herzen: Vor vielen Jahren hatte mir ein Freund diesen Ort gezeigt, mittlerweile war er sehr touristisch geworden, mittlerweile passierte es durchaus, dass sich ein Kellner beim Bezahlen absichtlich verhörte und zu wenig Geld herausgab, besonders dann, wenn man schon etwas angetrunken war, aber das änderte nichts an meiner grundsätzlichen Zuneigung. Der Gastraum glich einer Rumpelkammer. Wie ein Dachboden, auf dem die Bewohner immer neue Dinge anhäufen, die kein Mensch je wieder abholt und benutzt. Von der Decke hingen mehrere umgedrehte Stühle, viele Lampen in allen Formen und Varianten, ein Koffer und ein Globus, und während an einer Wand in einem wilden Durcheinander Werkzeuge aus aller Welt arrangiert waren, befanden sich auf der anderen Seite unzählbar viele Bilderrahmen. Nicht irgendwelche Bilder, lauter Fotos von Anglern. Farbig und in Schwarz-Weiß, mit großen Fischen auf dem Arm oder einfach am Fluss sitzend. Eine immense Sammlung. Erinnerungen an viele Jahrzehnte.

Spätnachmittags setzte ich mich gern in eine Ecke, schaute mir die Fotos an, trank ein Bier und aß dazu einen frittierten Käse, es war nichts Besonderes, und das machte es vielleicht so besonders, weil es sich so vertraut anfühlte. Die Straßenbahnfahrer kamen nach Schichtende gern auf ein Bier. Sie trugen Jacken mit dem Logo der Prager Verkehrsbetriebe und sahen gelassen und müde zugleich aus, man sah, dass sie ihre Straßenbahn mühelos durch das Chaos der Stadt steuern konnten, auch wenn es alle paar Minuten brenzlige Situationen gab. Sie tauchten nie gemeinsam auf, immer wieder saßen sie einzeln an einem Tisch, tranken ihre zwei, drei Biere und manchmal ein Schnäpschen dazu und dann verschwanden sie wieder. Ich weiß gar nicht mehr genau, wann ich zum ersten Mal bemerkt hatte, dass die Kneipe gern von Straßenbahnfahrern frequentiert wurde – einer von ihnen war mir jedenfalls von Anfang an aufgefallen: Ein älterer und auffällig schweigsamer Herr, der eigentlich schon längst in Rente hätte sein müssen. Ein schwerer Mann mit großen, fleischigen Händen, ernstem und melancholischem Blick, Halbglatze und erstaunlich dunklem Haar, manchmal lächelnd, wie für sich allein. Fast immer, wenn ich in meiner Nische bei den Fotos saß, trank er in der anderen Ecke der Kneipe sein Bier. Manchmal schaute er Sport auf dem großen Bildschirm über der Bar, mittlerweile hingen überall diese unsäglichen Fernseher, meistens aber blickte er nur auf die Tischplatte vor sich, trank Schluck für Schluck sein Bier, rieb in Gedanken an von den Kerzen auf die Tische getropften Wachsflecken herum und steckte sich eine Zigarette nach der anderen an. Das Seltsame war: Ich hatte das Gefühl, dass ich diesen Mann kannte, obwohl wir einander nie zuvor begegnet waren. Irgendwann, dachte ich mir, spreche ich ihn an. Aber wie? Und was sollte ich sagen? Sprechen Sie Deutsch? Ich weiß nicht genau, woher, aber ich kenne doch Ihr Gesicht – waren Sie mal in Leipzig, in Köln oder im Sauerland?

Eines Nachmittags war alles klar. Der Mann kam gerade von den Toiletten zurück, schlurfte zur Theke und bestellte sich einen Obstler, da sah ich ihn im Profil, er lächelte schüchtern, und plötzlich erkannte ich ihn: Der Straßenbahntyp musste Ota Pavel sein. Ohne jeden Zweifel. Ein sehr alt gewordener Ota Pavel natürlich, aber trotzdem. Ich gab dem Kellner ein Zeichen und bestellte nun auch einen Schnaps vor lauter Aufregung – konnte das denn wirklich sein? Ich starrte auf die Bilder an der Wand: Da war ein Foto von Ota Pavel, das ich noch nicht kannte, also schaute ich von der Wand zum alten Straßenbahnfahrer und vom alten Straßenbahnfahrer wieder zur Wand: Doch, er könnte es sein, so komisch sich das auch anhörte. Natürlich wusste ich, dass Ota Pavel 1973 an einem Herzinfarkt gestorben war, mit nur zweiundvierzig Jahren, ich hatte ja sogar sein Grab besucht auf dem Neuen Jüdischen Friedhof und die bunten und mit Fischen bemalten Steine angesehen – war dieser Mann vielleicht ein Verwandter? Ein Doppelgänger? Oder sollte Ota Pavel tatsächlich allen Ernstes doch … Nehmen wir mal an, das stimmte tatsächlich, und er hätte die Öffentlichkeit getäuscht: Warum hätte ausgerechnet er zum Straßenbahnfahrer umschulen sollen und dieser Arbeit bis ins hohe Alter nachgehen?

Ich beschloss, der Sache auf den Grund zu gehen. Auf eine Gelegenheit zu warten, um den alten Herrn anzusprechen. Bis dahin zu beobachten, was passieren würde. Vor allem aber wollte ich wieder zu den Fischen und zu den Rehböcken und zum Fluss zurückkehren, indem ich darüber las. Jeden Tag kam ich in die Kneipe, hatte einige Bücher unter dem Arm und hoffte, dass auch mein Straßenbahnfahrer auftauchen würde. Das passierte ab und zu sogar, nach einer gewissen Zeit nickte er mir zu, wenn wir einander sahen – und ich nickte stumm zurück. Hielt beim Lesen das Buch absichtlich in seine Richtung – doch er schaute lieber auf das Eishockeyspiel und reagierte gar nicht, vielleicht war es ihm unangenehm, vielleicht wollte er sich einfach nicht zu erkennen geben.

Selbst wenn dieser Ota aus der Straßenbahn nichts mit dem wirklichen Ota Pavel zu tun haben sollte, so hatte mich dieser Mann aus unerfindlichem Grund unheimlich berührt, so sehr, dass ich anfing, in den Büchern zu lesen und mich in das Leben von Ota Pavel zu vertiefen. Beim Bier in der Kneipe las ich seine Texte und verlor mich darin, irgendwann bekam ich nicht mal mehr mit, dass der Kellner mir ein neues Bier hinstellte, und sogar meinen Freund aus der Straßenbahn nahm ich kaum noch wahr.

Ota Pavel also, dieser Mann, der so jung starb, der auf Fotos schon alt und geschafft aussah, als hätte er bereits zwei Leben hinter sich, der Sportjournalist und Schriftsteller und

Geschichtenerzähler und Nostalgiker, hatte mich wieder erwischt. Aber wie sollte es auch anders sein? So, wie die Straßenbahnen mit ihren an den Jacken erkennbaren Fahrern zur Erzählung der Stadt Prag gehören, so ist das romantische und melancholische und tragische und brutale und dennoch so tröstliche Erzählen von Ota Pavel zwangsläufig verbunden mit der malerischen Landschaft Mittelböhmens, mit diesem Fluss namens Berounka, dem Ota Pavel ein Denkmal für die Ewigkeit gesetzt hat, ja, für den er, so weit würde ich gehen, das ganz eigene Genre der bukolischen Flussprosa erfunden hat.

Als er 1973 stirbt, hat er wahrlich viel durchlebt und durchlitten: Als Otto Popper wird er als jüngster von drei Söhnen 1930 in Prag geboren. Dort verbringt er die allerersten Kindheitsjahre noch relativ unbeschwert: Die Familie fährt oft an die Berounka, den gar nicht weit von Prag entfernten Fluss, der später zu Ota Pavels Lebensthema werden wird. Schon 1939 ändern sich die Umstände für die Familie aber radikal: Sie wird gezwungen, in den kleinen Ort Buštěhrad zu ziehen – Ota Pavels Vater ist ein jüdischer Handelsvertreter, wie so viele Familien müssen sich die Poppers dem Druck der Nazis beugen. Es beginnt eine düstere Zeit, verbunden mit Erlebnissen, die Ota Pavel bis an sein Lebensende verfolgen werden: Sein Vater und seine Brüder werden ins KZ gebracht, zwar überleben sie die Tortur, aber die Familie bleibt für viele Jahre zerrissen. Ota Pavel wird nur nicht mitgenommen, weil er noch zu jung ist und so bei seiner tschechischen Mutter bleiben darf. Doch muss er aus nächster Nähe eine der schlimmsten Gräueltaten der Nationalsozialisten im Land miterleben: Der stellvertretende Reichsprotektor Reinhard Heydrich, berüchtigt als der »Schlächter von Prag« und als führender Organisator des Holocaust, einer der grausamsten SS-Oberen überhaupt, stirbt an den Folgen eines von tschechoslowakischen Widerstandskämpfern ausgeführten Attentats im Jahr 1942. Die Nazis rächen sich auf widerliche Art und Weise: Sie löschen das gesamte Dorf Lidice aus. Lidice wiederum war der Nachbarort von Buštěhrad. Alle Männer werden auf der Stelle getötet, Frauen und Kinder fortgebracht, sämtliche Häuser niedergebrannt und einplaniert. Es entgeht Ota Pavel nicht, was im Nachbarort passiert: Man habe, so vermerkt er es in einem späteren Buch, Lidice brennen sehen und schreien hören.

Schon als Jugendlicher muss Ota Pavel in den Bergwerken von Kladno schuften, nach dem Krieg, als er mit seiner Familie nach Prag zurückkehren kann, ackert er noch mehr, um seinem Vater einen großen Wunsch zu erfüllen: Er besucht die Handelsschule und bemüht sich redlich darum, auch als Vertreter Fuß zu fassen, beispielsweiser für Fliegenfänger – doch es ist sinnlos. Seine wahre Berufung – und im Übrigen, so sagt er es selbst, die schlimmste Schufterei von allen – ist das Schreiben. Pavel wird Sportjournalist, für den tschechoslowakischen Rundfunk ebenso wie für Zeitschriften. Er ist so gut darin, dass seine literarischen Reportagen ihn berühmt machen, dass man sie bis heute in Buchform in Tschechien kaufen kann. Er hat Privilegien, darf die Sportteams seines Landes ins Ausland begleiten, fliegt sogar bis nach Amerika mit ihnen. Es muss eine unbeschreiblich schöne Zeit sein – allerdings nimmt sie ein schreckliches Ende. 1964 nämlich, bei den olympischen Winterspielen in Innsbruck, über die Ota Pavel berichtet, kommt es zur Katastrophe. All die alten Wunden reißen plötzlich wieder auf, Pavel erkrankt an einer manisch-depressiven Psychose. Er fühlt sich verfolgt und meint, Martin

Bormann zu sehen, einen der führenden Nazi-Verbrecher, der bereits 1945 hingerichtet worden ist. Der Sportjournalist flieht in die Berge, findet einen Bauernhof, lässt alle Tiere frei – und zündet das Gehöft an, um den Nebel zu vertreiben, wie er selbst sagt. Er hat auch über diese Zeit geschrieben, in seinem Text »Auf der Winterolympiade in Innsbruck verlor ich den Verstand«, einem Epilog zu seinem Band »Wie ich den Fischen begegnete«. Es sind Zeilen von großer Traurigkeit: »Diese Zeit war für mich nicht schrecklich, wohl aber für jene, die meinen Zustand verfolgten und mich liebhatten. Ich fühlte mich eigentlich selig und tat alles leidenschaftlich und aus Überzeugung. Es war sogar manchmal angenehm, denn es ist schön, ein segnender Christus zu sein.«[51]

Mehr als ein Dutzend Aufenthalte in der Psychiatrie wird der Schriftsteller in den folgenden Jahren über sich ergehen lassen – und doch gelingt ihm das, was man kaum glauben kann: Er wird nochmals berühmt. Und zwar als Autor von hauchzarter Prosa. Er schreibt über seine Kindheit, über seinen Vater, den enorm erfolgreichen Vertreter der Firma Elektrolux, er schreibt über den Fluss und die Fische, wo er die glücklichsten Stunden seines Lebens verbringt, er schreibt voll von Schmerz und dennoch auf der Suche nach Erleichterung, die er tatsächlich manchmal zu finden scheint, wenn er über die Schönheit der ganz einfachen Dinge im Leben reflektiert: »Auf dem Fluß zu fahren ist wunderschön und für einen Angler phantastisch. Es ist, als äße man frisches Brot mit Butter und obendrauf noch Honig. Einfach mehrere Genüsse zu gleicher Zeit. Ihr seid auf dem geliebten Fluß und fangt jeden Tag Fische.«[52]

Ja, Ota Pavel war ein von Erinnerungen Heimgesuchter. Die schönsten und die schlimmsten Bilder aus Kindheit und Jugend, und sie alle sind in seinen Büchern, nebeneinander wohnen darin das Zauberhafte und das Schreckliche, aber am Ende gewinnt doch die Hoffnung über alle Düsternis.

Es ist ein wirklich eigenartiges und fast meditatives Schreiben, das einem die innere Unruhe nimmt: Einige Zeilen von Ota Pavel, und man sitzt am Flüsschen und lässt sich vom Fährmann ganz langsam von der einen Seite der Berounka auf die andere bringen und begegnet so den Fischen. Das einfache Leben und die rührende Darstellung kleiner und kleinster Gesten.

Glasklar und von allem Überflüssigen befreit.

Natürlich kann man diese Texte schlicht und archaisch oder gar kindlich finden, natürlich ist die Art des Erzählens aus der Zeit gefallen, aber dennoch: Es ist kein Wunder, dass Ota Pavel in Tschechien in der Schule gelesen wird, dass seine Texte verfilmt wurden, dass spätestens durch den Schriftsteller und Sportjournalisten, der berühmt und verrückt und noch berühmter wurde, wirklich jedes Kind weiß, was die Berounka ist, und dass es da einen Fährmann namens Prošek gibt, längst nicht mehr am Leben, aber durch die Texte unsterblich.

Plötzlich war ich wieder in der Kneipe. Ich schaute auf. Der Wirt klopfte auf die Tischplatte vor mir. Letzte Runde, wir schließen. Ich merkte, dass mir schwindlig war. Ich weiß nicht, wie viele Biere ich getrunken habe, während ich an der Berounka saß. Ich bestellte noch ein Bier und zwei Schnäpse und zahlte meine Rechnung gleich.

Mein Straßenbahnfahrer hatte gerade sein Bier ausgetrunken und nickte wie üblich in meine Richtung – da nahm ich allen Mut zusammen, klemmte mir ein Buch von Ota Pavel unter den Arm, griff meine beiden Schnäpse und trat an seinen Tisch. Als unsere Blicke sich trafen, da wusste ich mit einem Mal, warum ich meinte, diesen alten Mann, den ich für Ota Pavel hielt, so gut zu kennen: weil er mich an meinen verstorbenen Vater erinnerte. Die Mimik, seine Art, das Bier zu trinken, dieser Blick ins Nichts, in dem alles liegt, die ganze Freude und die ganze Schwere eines harten Lebens.

Plötzlich fielen die Bilder ineinander, wusste ich, warum ich in diesem Straßenbahnfahrer Ota Pavel zu sehen glaubte: weil es natürlich diese Rührung war, die mich bei äußerer Betrachtung wie auch beim Lesen seiner Texte geradezu ansprang, weil es mich in Zeiten zurückversetzte, als mein Vater noch lebte, als auch er noch an Flüssen saß und angelte.

Was ist los, sagte der alte Mann, eher interessiert als unfreundlich.

Trinken Sie einen Schnaps mit mir, sagte ich.

Was ist denn los, wiederholte er seine Frage, während er das Gläschen schon hob und mit mir anstieß.

Ota Pavel, sagte er und zeigte auf das Buch, während er sich den Alkohol in den Rachen schüttete, guter Kerl.

Sind Sie das, fragte ich, und da musste er sehr lachen, vielleicht über mein Tschechisch, wahrscheinlich eher über die abenteuerliche Frage, er stand auf, zog seine Straßenbahnfahrerjacke an, klopfte mir auf die Schulter und sagte: Schön wär's, Junge, schön wär's.

Ich schämte mich kurz dafür, mich so blamiert zu haben, aber ich wusste ja jetzt, warum. Ich trank meinen Schnaps aus, an dem ich bis jetzt nur genippt hatte, und starrte ins Nichts, das alles bedeuten konnte.

Voll von schmerzlicher und schöner Schwermut, die zu Ota Pavel gehört wie der Fluss und die Fische, fiel mir dieser eine Satz von ihm wieder ein.

Der Erzähler denkt über die Gestorbenen nach, die ihm ganz nah waren, und dann resümiert er: »Aber sie waren müde, sie hatten ein gutes Herz, und ein gutes Herz ist schnell verschenkt, bis nichts mehr übrig bleibt.«[53]

SECHSTES BIER

Karenins Reisen. Eine Schwärmerei mit Hund

Machen wir es kurz, das ist das vorletzte Bier, das sage ich Ihnen lieber vorweg, und jetzt wird es sentimental. Sie werden gleich verstehen, warum. Stoßen wir noch kurz zusammen an? Dann mal Prost! Das Leben ist ein Hund, so sagt es ein tschechisches Sprichwort. Das erzählte mir jemand beim Bier, eine zufällige Zufallsbekanntschaft am Kneipentisch, nicht mehr, nicht weniger. Das Leben ist ein Hund, das löste etwas bei mir aus, der ich an sprechende Hunde glaubte und selbst vor einem räudigen Straßenmischling auf die Knie fiel, um das Tier minutenlang zu kraulen. Es beschäftigte mich, als ich aus der Kneipe kam. Nein, das geht nicht, das wäre unvernünftig, sagte ich mir, im Bett liegend und keinen Schlaf findend, das kannst du nicht machen, sei nicht verantwortungslos, lass deine Sehnsucht so groß werden, wie sie will, schlag es dir aus dem Kopf, du holst dir vor allem Probleme ins Haus, außerdem, was wusste ich schon über die Grenzen meines Prager Mietverhältnisses, vielleicht waren Tiere überhaupt nicht gestattet. Etwas verzagt schlief ich erst spät ein und träumte natürlich einen kindlichen Wunscherfüllungstraum, in welchem ich irgendwo an einer Tankstelle am Stadtrand bei der Divoká Šárka einen wilden und herrenlosen Hund entdeckte und wir einander nur kurz in die Augen sahen, um zu wissen, dass wir ab jetzt unzertrennlich sein würden.

Am nächsten Morgen stand ich schwermütig auf. Das Leben ist ein Hund, so mein erster Gedanke, als ich mich streckte, ohne auch nur eine Sekunde daran zu denken, dass auch mein Leben bald zum Hund werden würde. Ich zog mich an, ich öffnete die Balkontür, Sommer lag in der Luft und mit ihm eine Aufbruchstimmung. Schwermut war trotzdem noch da, das konnte aber auch der Hunger sein, also zog ich mich an, trat auf die Straße und konnte bereits erahnen, dass es einer der ersten richtig warmen Tage des Jahres in Prag sein würde, an denen man bis spät in die Nacht am Fluss sitzt und hofft, dass die Zeit langsamer vergeht. Ich trank einen Kaffee und frühstückte vor einem kleinen Lokal am Ende meiner Straße, als wirklich ein Hund um die Ecke kam.

Er schnupperte auf dem Boden herum, näherte sich stromernd, blieb in meiner Nähe stehen. Eine hübsche blonde und gepflegte Mischlingshündin, markante Schnauze, etwas schiefer Blick. Das Tier sah mich an und kam näher, ich ließ den Hund an meiner Hand schnuppern und streichelte ihm den Kopf, dann tat ich, was man niemals tun sollte: Ich kraulte den Hund weiter, ich legte ein Stück von meinem Frühstück auf die Handfläche und sah zu, wie das Tier das Stück Gebäck gierig hinunterschlang. Natürlich, ich war sentimental und weich an diesem Morgen, aber was hatte ich da angerichtet? Selbst als ich im Lokal noch einen zweiten Kaffee bestellte und mich wieder vor die Tür setzte, wich die Hündin nicht mehr von meiner Seite. Jeder einzelnen Handbewegung folgte ihr Blick, und auf meine Anweisungen (»Geh nach Hause!«, »Fort jetzt!«, »Ab!«) reagierte sie nicht, sondern sank schließlich ergeben auf den Gehsteig und gähnte groß.

Noch betrachtete ich die Ereignisse nicht im Zusammenhang, erst später gab es keinen Zweifel mehr: Die vermeintliche Zufallsbekanntschaft vom Abend zuvor hatte genau gewusst, was sie tat. Welchen Floh sie mir ins Ohr setzte. Die »Organisation« hatte mich kaltschnäuzig testen und herausfinden wollen, ob ich wirklich mit Begeisterung auf einen Begleiter wie diesen reagieren würde – und das tat ich ganz offenkundig.

Irgendwann stand ich auf und bemühte mich recht halbherzig darum, den Hund zu verscheuchen – aber er ging einfach nicht. Bestimmt gehört er in eines der umliegenden Häuser, dachte ich, sicher ist er weggelaufen, das würde nun wirklich kein Prager Wunder werden. Lediglich ein kleines und amüsantes Intermezzo zum Anfang der warmen Zeit des Jahres, das noch vor dem Abend beendet sein würde.

Der Hund folgte mir. In meine Straße, ins Haus, in den Aufzug, in mein Stockwerk. Vor meiner Tür stand er jetzt immer noch da und wedelte, als wären wir alte Freunde, als wäre der Weg eine Selbstverständlichkeit für ihn, als hätte er nie woanders gelebt. Und natürlich, jetzt fand ich auf der Fußmatte einen Brief, zusammengerollt und mit einem neuen Auftrag versehen – als wüsste der Hund, worum es jetzt ging, setzte er sich gelehrig und freundlich vor mich hin, bellte kurz auffordernd und wartete, bis ich den Text ganz gelesen hatte: Wir sollten den Sommer zusammen verbringen, stand dort geschrieben, wir würden im Sinne der Seelenkunde das Land erkunden, wir müssten Prag dafür verlassen, wir dürften in den Zügen kreuz und quer durch die Landschaft fahren, der Hund sei still und treu und in den besten Jahren und habe schon viel hinter sich, ich solle es als eine Art Zweckgemeinschaft verstehen, ja, als Sommerbetreuung (wobei die »Organisation« offen ließ, wer in dieser Zeit wen zu betreuen hatte), das Tier werde mir keinen Kummer bereiten, sondern mich mit anspruchsloser Dankbarkeit und quietschfideler Geselligkeit begleiten.

Karenin, stand dort geschrieben, liebe die Menschen, ganz besonders diejenigen, die sie zurückliebten. Karenin also. Ich erinnerte mich. Der Hund, der in »Die unerträgliche Leichtigkeit des Seins« von Milan Kundera zum Spiegel von Liebe und Traurigkeit wird. Der Hund, dessentwegen dem ich immer wieder weinen musste, wenn ich den Roman las. Seinetwegen war ich ja überhaupt in dieses Land so vernarrt. Seinetwegen hatte ich mir vorgestellt, dass ich irgendwann hier sein müsste, in Prag. Vollkommen folgerichtig also, dass er meine Feldforschungen zur Seelenkunde durchqueren, ja, auf vier Pfoten durch meine Existenz tapern musste.

Komm rein, Karenin, sagte ich. Ganz natürlich betrat Karenin die nun offenkundig ihr gehörende Wohnung, schnupperte in allen Ecken, nahm das von mir angebotene Wasser gierig trinkend an, setzte sich dann hin und wartete auf eine Regung von mir. Wäre Karenin ein Mensch gewesen, dann hätte sie jetzt gespannt gelächelt.

Seit Erscheinen des Buchs vor etlichen Jahrzehnten war er einer der berühmtesten Hunde des Landes. Und jetzt hockte er also vor mir, als würde er auf die Behandlung warten, die einem Prominenten gebührt. Zu Beginn von »Die unerträgliche Leichtigkeit des Seins« kommt Karenin schon ins Spiel, bringt ihn der Prager Klinikarzt Tomas der Serviererin Teresa mit nach Hause. Der Vater ein Schäferhund, die Mutter eine Bernhardiner-Dame, und so sieht der Ursprungskarenin auch aus. Teresa nimmt den

Welpen verzückt auf den Arm – und der pinkelt ihr auf der Stelle auf die Bluse. Tomas und Teresa nennen ihn Karenin, obwohl der Hund eine Hündin ist. Teresa hat nämlich Tolstoi unter dem Arm, als sie zu Tomas nach Prag kommt und genau weiß, dass sie nicht mehr gehen wird. Anna Karenina. Dass das Hundegeschenk ursprünglich dem billigen Zweck dient, Teresas berechtigte Eifersuchtsqualen zu lindern, denn ihr Freund Tomas hat unzählige Affären, die ihr nicht verborgen bleiben, ist bald schon nicht mehr das Wichtigste. Karenin betritt das Leben zweier sich so besessen wie unglücklich Liebender und ist einfach da, macht sich zu einer beruhigenden und unentbehrlichen Konstante, wird zum Symbol für diese beunruhigend kraftvolle und glühende Liebe, die zwar kein gutes Ende nehmen wird, die sich aber auch nicht negieren lässt. Nicht miteinander, nicht ohne einander. Abhängig und frei und alles zugleich. Im selben Augenblick steht dieser so fröhliche Bernhardinermischling, gewissermaßen als stummer Zeuge, für all die Gefühle, für all den Schmerz, für all die Umwälzungen, die damals über die Tschechoslowakei hereinbrechen: Karenin mag es nicht besonders, wenn sich Dinge verändern, da ist sie ganz Hund. Und dennoch muss sie, wie ihre Menschen, Prag verlassen und in die Schweiz, die Lage in der Tschechoslowakei spitzt sich zu, es ist die Zeit um 1968. In ihrem Schweizer Exil fühlt sich Karenin unwohl. Es dauert, bis sie ihre Spaziergänge wieder einfordert, morgens aufs Bett springt und sich zu alter Freude aufschwingt.

Schon kleinste Veränderungen sind dem Hund zuwider. Ein neues Möbelstück oder eine Pflanze am falschen Platz, und das Tier reagiert verstimmt. Weil das so ist, erkennt Teresa, eindeutig der Hingabe bis hin zum Selbstverlust zugeneigt, ausgerechnet in den

Momenten schlimmster Hoffnungslosigkeit, dass sie allein für Karenin durchhalten muss: weil das Tier noch schwächer ist als sie selbst. Das Leben ist ein Hund.

Dass Karenin im Roman später auf furchtbar traurige Weise verschwindet, daran wollte ich jetzt nicht denken. Im Übrigen, die Originalkarenin des Buchs saß gerade nicht vor mir, das wäre ja Unfug gewesen, das war rein biologisch vollkommen unmöglich, es handelte sich um eine Doppelgängerin, um nahe hündische Verwandtschaft. Eine Schwester im Geiste vielleicht, ja, so musste es sein.

Vor mir lag ein Sommer, wie ich ihn mir schöner nicht hätte ausmalen können: nur diese Reisen mit Karenin und die kindliche Freude darüber, meine Forschungen in den nächsten Wochen in tschechischer Begleitung durchführen zu können, mit ihr durch die Gegend zu vagabundieren, noch dazu im Sinne unseres ganz und gar beseelten Auftrags der »Organisation«. Karenin starrte mich jetzt fordernder an und wedelte wüst, ich hielt es kurz für einen Moment gemeinsamer Beseeltheit, doch das war natürlich Quatsch, im Augenblick ging es einfach um sehr Weltliches: Hunger nämlich. Ich verließ eilig die Wohnung, um Hundefutter heranzuschaffen, Karenins aller Art, das war die erste und einzige Regel unseres Zusammenlebens, verärgerte man nicht gern.

In den folgenden Tagen gewöhnten wir uns aneinander, machten Spaziergänge durch die Stromovka, die sich direkt vor meinem Haus befand. Karenin spielte im Park zwischen den Bäumen mit den anderen Hunden der Nachbarschaft, als hätte sie nie woanders gelebt. Dann nahmen wir zum ersten Mal einen Zug raus aus der Stadt, stiegen einfach ein. Am Anfang waren unsere Ausflüge noch zaghaft: Wir fuhren nach Černošice und folgten von dort dem Verlauf der Berounka. Karenin und ich saßen einen ganzen Nachmittag lang in der Idylle Mittelböhmens und faulenzten in der Sonne. Es dauerte nicht lang, und wir verstanden uns blind. Das hieß: Karenin hörte nicht auf mich, sondern machte, wonach ihr der Sinn stand, und ich reagierte mit reiner Freude auf ihre Ungezogenheiten. Außerdem waren meine Interventionen so zwecklos wie unnötig – sie war kein junger Hund mehr, sondern hatte schon viel gesehen, viel gehört, viel erlebt. Als wir dösend am Fluss saßen und ich Karenin anschaute, die mit zuckenden Pfoten träumte, wie wir am Fluss sitzen und ich sie anschaue, dachte ich darüber nach, dass der Satz, mit dem diese Sommerepisode begonnen hatte, auch am Anfang meiner ganz persönlichen Seelenkunde stehen könnte: Das Leben ist ein Hund.

Was hatte mich, fragte ich mich nach all den Jahren, denn eigentlich damals so sehr bewegt an Kunderas Liebesroman mit Hund, dass ich bis heute immer wieder an einzelne Sätze, an einzelne Szenen, an einzelne Begebenheiten aus dem Buch denken musste? Dass ich jetzt war, wo ich gerade war? Woher kam diese auch nach anderthalb Jahrzehnten noch zuverlässig funktionierende Rührung? Hatte Kundera etwa mit Karenins Auftauchen eine ewige Metapher geschaffen für eine ganz spezielle Art von Sehnsucht, die man nur hier empfinden konnte und nirgendwo sonst?

Über diese Fragen schlief auch ich ein. Als ich wieder aufwachte, schüttelte sich Karenin gerade. Wir standen auf und fuhren zurück nach Hause. Erschöpft, müde und mit ergebenem Blick sah mich die Hündin an, während ich leise mit ihr sprach und meine Tschechischkenntnisse ausprobierte – wir waren so vertraut, nach so kurzer Zeit schon. Dann fiel mir wieder ein, was

Tomas über Teresa denkt in der »Unerträglichen Leichtigkeit«, wie er den Anfang ihrer Liebe beschreibt: Sie kam ihm vor wie ein »Kind, das jemand in ein pechbestrichenes Körbchen gelegt und auf dem Fluß ausgesetzt hatte, damit er es am Ufer seines Bettes barg«.[54] War es mit Karenin und mir nicht ähnlich gewesen? Was sollte das alles für meine Seelenkunde bedeuten? Es würde eine Weile dauern, bis ich den tieferen Sinn dieses Sommers zu begreifen begann.

Nun fing zuerst für Karenin und mich die Zeit der weiteren Reisen an: Wir verbrachten einige Tage in Brno, fuhren von dort weiter ins Altvatergebirge an die tschechisch-polnische Grenze, wir liefen zwischen den Apfelbäumen eines untergegangenen Dorfes namens »Stillstand« entlang, auch nach Ostrava verschlug es uns, in die raue Stadt der Zechen und der Kohle, wo aber selbst die härtesten Bergleute im Angesicht von Karenin weich wurden und mit dem Hund über das Straßenpflaster tollten.

Das war es vielleicht, was diesen Sommer so besonders machte: Karenin öffnete uns Tür und Tor, wo auch immer wir auftauchten, wir wurden gemocht, die Leute kamen ins Reden – und ich fing tatsächlich an, das Land im Ganzen zu erfassen. Einmal fuhren wir in Liberec mit der Seilbahn auf den Ještěd, und ich könnte schwören, dass Karenin genau solche Höhenangst hatte wie ich. Dann wiederum liefen wir durch Jičín und suchten nach den Spuren des Schriftstellers Karl Kraus, doch wieder und wieder spazierten wir versehentlich an seinem Geburtshaus vorbei, und wieder und wieder verfehlten wir das Museum, in dem man sich seinem Leben und Werk widmete – stattdessen teilten wir uns schließlich auf dem Marktplatz ein Eis. Mal nahmen wir den Zug, mal fanden wir einen Autofahrer, der uns aufsammelte –

es war ein von allen Sorgen und Nöten befreiter Sommer, wie ich ihn bei all meinen Ängsten überhaupt gar nicht für möglich gehalten hätte. Karenins Reise war meine Reise und umgekehrt. Ob ich diese Reisen auch ohne Hund hätte machen können? Bestimmt. Ob das etwas geändert hätte an meinen Eindrücken? Ganz bestimmt. Wir hatten Zeit in Plzeň verbracht und in Kutná Hora, wir waren durch Mittelböhmen gelaufen – und sogar in Karlovy Vary spazierten wir wie die feinen Leute, ich gemessenen Schrittes, Karenin an meiner Leine. Als die Tage das erste Mal wieder kälter wurden, da kehrten wir endgültig nach Prag zurück.

Wir kamen am Bahnhof an, und ich wurde ganz traurig, während Karenin es mit hilflosem Trost versuchte und über meine Hände leckte. Ich wusste genau, dass wir bald Abschied nehmen mussten. So war es vereinbart gewesen. Das war das Prinzip der Aufträge, und Karenin würde es natürlich gut haben dort, wohin sie zurückkehrte. Aber dennoch. Es zerriss mir fast das Herz, obwohl (oder weil) es nur Schönes gab, was uns verband.

An einem unserer letzten Abende liefen wir wieder durch die Stromovka, nach und nach kam der Herbst, noch hielt es aber die Blätter an den Bäumen. Während Karenin in den Gebüschen stöberte, trafen sich kurz unsere vertrauten Blicke, als sie mich ansah, um sich zu vergewissern, dass ich noch da war. Schlagartig wurde mir alles klar: warum es diesen Sommer, warum es Karenin in meinem Leben, warum es diese ganzen Reisen gegeben hatte.

Dass das alles ja wirklich mit der Seele hier zu tun hatte, jetzt und erst recht in den Jahrzehnten davor: Dieser Hund verkörperte genau die Melancholie, die ich so schätzte, die ich so sehr liebte, die mir so sehr fehlte, wenn ich nicht hier war. Sie steckte in den Büchern, sie konnte man finden in den Augen der Menschen und in den Geschichten, die sie erzählten, wenn man nur ein wenig danach suchte, wenn man nur aufmerksam zuhörte. Eine Melancholie, wie ich sie erst hier entdeckt hatte, ein ganz spezifisches Gefühl, in welchem sich Traurigkeit mit Zärtlichkeit, Vergeblichkeit mit Hoffnung mischten, so eine Melancholie, deren Kern bittersüß ist und von der man deshalb nicht lassen kann, hatte man sie nur ein einziges Mal geschmeckt.

Wir spazierten zurück, viel langsamer als sonst, Karenin blieb stehen und stieß gegen mein Bein mit ihrer Schnauze, und als ich mich zu ihr hinunterbeugte und sie streichelte, da legte sie ihre Ohren an und lächelte ihr schönstes Lächeln. Das Leben ist ein Hund, dachte ich. Und dass dies Leben nicht unendlich ist, sondern ausgesprochen begrenzt, das vergaßen Karenin und ich jetzt, während im frühherbstlichen Prag die rote Sonne langsam hinter den Weinbergen auf der anderen Seite des Parks verschwand.

Einfach Petr.

Der Müllsortierer als Poet

Von Petr gibt es kein einziges Wort zu lesen. Und daran wird sich in Zukunft auch nichts ändern. Denn Petrs Literatur existiert nur mündlich, nur für den flüchtigen Augenblick, so ungeschliffen wie ehrlich. Aber wenn schon seine Gedichte nicht bleiben, dann soll wenigstens ein Text über ihn existieren. Denn dieser Petr, um den es hier geht, steht zweifelsohne in einer sehr tschechischen Tradition.

Meine erste Begegnung mit Petr fand natürlich in der Bierstube statt. Die Kneipe lag in einer kleinen Seitenstraße am Rand der Innenstadt.

Hier wurde, und das merkte man sofort, wirklich gefeiert, im besten und altmodischen Sinne von *feierlich*. Dort saßen vielleicht fünf, sechs Leute und aßen und tranken. Es drehte sich eindeutig alles um ihn, und ich war gleich in seinen Bann gezogen: Das Geburtstagskind war ein unscheinbarer, schmächtiger, kleiner Typ, auf unbestimmte Art kindlich und auf bestimmte Art gezeichnet vom Leben. Wir kannten uns nicht, und trotzdem begrüßte er mich so selbstverständlich, als hätten wir schon viel zusammen erlebt. Er lächelte mich dabei so offen an, dass ich sofort wissen wollte: Wer um alles in der Welt ist dieser Kerl?

Er feierte an jenem Abend seinen vierzigsten Geburtstag, er tat dies das allererste Mal in der großen Stadt Prag, er hatte am Morgen desselben Tages, als ich gerade noch mein letztes Bier trank, schon am Fließband gestanden und den ganzen Dreck und Schrott aus den Mülltonnen der Prager Vororte sortiert, er trank keinen Alkohol, sondern nur einen Kaffee nach dem anderen, er bestellte eine doppelte Portion Knödel und schlang sie hinunter, er redete wenig, und wenn, dann sprach er nicht irgendwie, sondern in Reimen: Dieser Kerl war also Petr. Ein Dorfdepp? Ein Müllsortierer? Ein Dichter? Ein Verrückter?

Der Freund, der mich zu diesem Geburtstag gelotst hatte, sah mein Erstaunen und erzählte mir ein bisschen mehr: dass Petr einen harten Brotjob habe und sich für den tschechischen Mindestlohn von weit unter fünf Euro pro Stunde Tag für Tag schinde, dass er aber eigentlich, sagen wir, im richtigen Leben, ein Dichter sei.

Ohne ein einziges Detail dieses Lebens zu kennen, ohne die Spur einer Ahnung davon zu haben, wie sich so eine Existenz am Fließband der Müllsortieranlage anfühlte, wusste ich sofort, dass man diesem Typen und seiner Geschichte zuhören muss.

Es klingt pathetisch, aber ich dachte in diesem Augenblick, dass ich hier also gerade mal wieder ein tschechisches Wunder erlebte, wie es nur in den Kneipen dieses kleinen, seltsamen Landes geschehen konnte. Das bestätigte sich übrigens im Laufe des Abends: Zuerst bekam eine Gruppe im Nebenzimmer mit, dass Petr seinen Geburtstag feierte – und stimmte kollektiv und zur Gitarre ein Lied für ihn an. Und dann saß da noch dieser ältere Herr am Nebentisch, der uns eine Stunde lang beobachtete – und schließlich, bevor wir gingen, Petr eine Kohlezeichnung seiner Geburtstagsfeier überreichte und dafür weder Schnaps noch Dank haben wollte. Und Petr? Betrachtete sich selbst auf dem Bild und erfand angesichts dieses Anblicks lächelnd ein Gedicht über den finalen Weltuntergang.

Ich habe Petr nach unserer ersten Begegnung an seinem Geburtstag in allen möglichen Lebenslagen begleitet. Und lernte dabei nicht nur viel über die widersprüchliche Biographie eines Mannes, dem lange Zeit nie jemand richtig zugehört hatte, sondern auch über die tschechische Gegenwart an sich.

Um es mit ganz feierlichen Worten auszudrücken: Dieser Petr verkörpert alles, was die tschechische Literatur so spannend macht. Er selbst könnte einem Buch von Bohumil Hrabal entstiegen sein, er selbst ist so ein Typ, den man eigentlich nur einen Abend lang in der Kneipe trifft, aus den Augen verliert und sich am nächsten Morgen fragt, ob man sich diese ganz und gar unwahrscheinliche Begegnung eigentlich eingebildet hat.

Sein Leben ist so einfach wie hart: Von seinem Dorf aus fährt Petr jeden Tag frühmorgens mit dem Bus nach Kamenné Žehrovice. Ehemaliges Tagebaugebiet. Ein kleiner Ort in Mittelböhmen, an dessen Rand sich die Müllsortieranlage befindet. Dort landet das, was die Bewohner der Prager Vororte übrig lassen. Dort türmt sich der Müll in einer Halle meterhoch bis unter die Decke. Dort steht Petr an einem Fließband, gemeinsam mit anderen Müllsortiererinnen und Müllsortierern. Alle tragen rote Anzüge, alle sind damit beschäftigt, den steten Strom an Abfällen zu bewältigen, Papier, Plastik, PET-Flaschen, alle denkbaren und undenkbaren Reste des tagtäglichen Lebens.

Petr arbeitet als einziger Sortierer ohne Handschuhe – allein weil er es so will. Aus dem Radio dröhnen Nachrichten und Schlager. Ich höre »Time to say goodbye« in der tschechischen Version von Karel Gott, als ich die Treppe zum Müllsortierraum hochsteige, um Petr an seinem Arbeitsplatz zu besuchen. Er freut sich und winkt stolz von seinem Platz am Band aus. Und dann erzählt er während der Arbeit ein wenig davon, wie sich die Gewohnheiten der müllproduzierenden Bevölkerung geändert haben: Früher waren die Prager nicht so geizig, ruft Petr, da haben wir schon mal mehrere tausend Kronen im Müll gefunden oder ein Handy und Ringe und Schmuck, aber heute gibt es das nicht mehr. Es ist eine harte Arbeit an einem unwirtlichen Ort: Im Winter wird es sehr kalt am Band, im Sommer hingegen macht sich der Gestank des Mülls in der ganzen Halle breit, und Ratten sind sowieso zu jeder Jahreszeit ein Problem.

Acht Stunden am Tag steht Petr also hier, acht Stunden am Tag geht ihm das rhythmische Klappern des Müllsortierbandes in Fleisch und Blut über, das unentwegt Joghurtbecher und Flaschen, leere Farbeimer und unnütz gewordenes Plastikspielzeug transportiert. Petr gilt als zuverlässigster Arbeiter am Band, weil er der dienstälteste Müllsortierer ist: Der Job ist nicht besonders beliebt, entsprechend oft wechselt die Belegschaft. Nach seiner Schicht fegt Petr pfeifend die Treppe, geht unter die Dusche und hat ein müdes Gesicht, als er aus der Halle tritt. Dabei steht ihm jetzt noch ein längerer Heimweg mit dem Bus bevor – letztlich bleibt ihm also nur wenig Erholung, bis der Wecker am nächsten Tag gleich wieder klingelt. Im letzten Jahr, erzählt mir Petr auf dem Heimweg, hat er einen

Leistenbruch gehabt, den trug er mehrere Monate mit sich herum wie eine Zeitbombe. Aber er würde dem Tod ohnehin ausgeglichen gegenüberstehen. Er kommt, wenn er kommen soll, sagt Petr nach seiner langen Schicht, er ist die einzig traurige Sicherheit im Leben, und die Reichen und Armen sind vor ihm gleich. Das ist das Schöne.

Petr hat den Hof seiner Eltern im kleinen Dorf Čelechovice übernommen. 120 Häuser, Kneipe, leerstehende Multifunktionshalle, Dorfplatz mit großer Wiese. Dort lebt er mit seiner Frau und seinen zwei Töchtern. Er mag den Ort, an dem er aufgewachsen ist, nicht mehr besonders, erzählt vom Dorfsheriff, der gegenüber wohnt und jeden Schritt der Bewohnerinnen und Bewohner mitbekommt. Und es gebe ja im Dorf eh so eine Art Beverly Hills, wo die Leute wohnten, die sich für was Besseres hielten.

Petr geht in seinem Dorf auch nicht in die Kneipe, wenn, dann fährt er in ein Bufet, also in eine Art besseren Imbiss im Nachbarort. Dort quatscht er mit Leuten, wenn ihm der Sinn danach steht.

Aber die meiste Zeit verbringt Petr auf seinem Hof. Er hat einen Enterich und Hühner und einen Hund. Einen Teil des Gehöfts besitzt mittlerweile ein Nachbar, er nutzt die Fläche als Kfz-Ersatzteillager. Im hinteren Bereich des Hofs verrosten Dutzende schrottreifer Autos. Petr gehören nur noch das Haus und die Wirtschaftsgebäude: der alte Stall, in dem früher die Kühe standen. Und natürlich das Holzlager, ein ausgesprochen wichtiger Ort. Denn in seiner Freizeit ist Petr vor allem mit dem Holzmachen beschäftigt. Er steht dort in einem alten Wollpullover und hackt und sägt, hört Radio, trinkt einen

Kaffee nach dem anderen. Er sei tatsächlich ein Holztrottel, sagt Petr dann noch, der Freude an dieser Freizeitgestaltung hat. Seiner Frau sei immer zu kalt, ihm hingegen sei immer zu warm, wenn sie zu viel heize. Und er macht trotzdem Holz, weiter und weiter.

Und die ganze Zeit, zumindest, als ich ihn besuche, redet er immer wieder in Reimen. Als sei es eine Sucht, als sei es sein süßer Zwang, Verse zu schmieden über die harten Seiten des Lebens.

Als ich Petr nach seiner Lebensgeschichte frage, fängt er mit seiner Zeugung an: Eine wilde Nacht sei das gewesen, als sein Vater von der Jagd nach Hause kam. Seine Eltern, sagt Petr, waren eindeutig zu gut zu mir. Mein Vater hätte den Baum biegen müssen, als er noch jung war. Petr faszinierten historische Begebenheiten, er war eines der begabtesten Kinder in seiner Klasse. Die Daten der tschechischen Geschichte kennt er bis heute auswendig. Er hat sogar mal eine Weile Kurzgeschichten geschrieben, es dann aber wieder gelassen.

Trotz seines Talents ging er schon nach der neunten Klasse von der Schule ab. Es sei Ironie des Schicksals, erzählt Petr, dass er in den Monaten vor seinem Schulabschluss noch das Fach Verteidigung des Sozialismus belegen musste – kurze Zeit später kam dann die Revolution und das Ende des Sozialismus. Petr machte eine Ausbildung zum Lebensmittelverkäufer – hielt es aber nicht lange in dem Beruf aus. Einerseits, weil er mit seinem Chef aneinandergeriet, andererseits, weil im Laden viel geklaut wurde – und die Angestellten selbst den Schaden ersetzen mussten. Aus diesem Grund, sagt Petr, bezeichne ich mich heute als gescheiterten Lebensmittelverkäufer. Eine Weile schlägt sich Petr als Bäcker durch, dann findet er seine

Stelle in der Müllsortieranlage. Zwischendurch folgen Jahre der Arbeitslosigkeit, bevor er bei derselben Firma wieder angestellt wird – und er jammert nicht über den harten Job, sondern hofft darauf, irgendwann seine Rente noch zu erleben.

Bis zu diesem Punkt ist das alles eine unspektakuläre Geschichte vom tschechischen Dorf, wie es sie wahrscheinlich besonders in der Zeit nach dem radikalen Umbruch der Samtenen Revolution öfter gegeben hat: ein junger Mann, der irgendwie ständig aneckt, der nicht so recht weiß, was aus dem Leben zu machen ist, der den Raum nicht findet, um seine Talente zu entfalten und Archäologe zu werden, wie er es eigentlich mal plante – sondern letztlich den Müll der wohlhabenderen Bevölkerung sortiert, derer nämlich, die in den Villen der Prager Vororte leben. Und vermutlich hätte niemals jemand bemerkt, dass ausgerechnet dieser seltsame Typ in seinem ausgeleierten Wollpullover noch ganz andere Potenziale hat.

Doch dann bekommt Petr einen Nachbarn, der sich für ihn interessiert: Der Prager Fotograf und Autor Igor Malijevský kauft das kleine Haus neben Petrs Hof. Igor ist der erste Mensch im Dorf überhaupt, der Petr zu sich nach Hause einlädt. Und so freunden sich die beiden Außenseiter – der fremd zugezogene Künstler und der vielleicht immer fremd gebliebene Müllsortierer – mit der Zeit an.

Irgendwann lädt Igor seinen Freund Petr schließlich zu seiner regelmäßigen Lesebühne namens EKG ein. Nach Prag, in Kilometern so nah, aber letztlich doch so weit weg vom dörflichen Leben in Čelechovice.

Und dann geschieht also das, was ich für eines der kleinen tschechischen Wunder halte: Wie selbstverständlich steht da dieser Müllsortierer aus dem Nirgendwo bei Prag auf der Bühne der Hauptstadt, wie selbstverständlich lässt er sich vom Publikum Begriffe zuwerfen, über die er dichtend improvisieren soll: Mülltonne und Aschenbecher. Und Petr dichtet und dichtet, und das Publikum jubelt ihm zu. Später hat er sogar noch einen Auftritt im tschechischen Rundfunk, aber zur wirklich großen Karriere reicht es am Ende nicht: Bei einem Poetry Slam fängt Petr beispielsweise an, sich in die Auftritte der anderen Vortragenden einzumischen, weil er deren Texte schlecht findet. Er nimmt kein Blatt vor den Mund, muss dann aber auch damit leben, dass er selbst bei seinem Auftritt verunglimpft wird.

Heute tritt Petr ab und zu mit einer Band auf und dichtet sich über die Grässlichkeit seines Heimatdorfes in Rage oder komponiert kurzerhand die tschechische Nationalhymne um. Doch existiert nicht eine einzige Zeile von ihm auf dem Papier, und niemals würde sich Petr selbst als wirklichen Dichter bezeichnen: Seine Kunst, sagt er selbst, das sei das, was ihm auf der Zunge liege, nach Art des Dorfes eben.

Nachdem ich Petr einige Zeit begleitet hatte, gab es für mich eigentlich nur noch mehr Fragen als Antworten: Genie oder Wahnsinniger? Prolet oder Poet? Aber eines wusste ich genau: dass es genau solche Geschichten, solche Leben, ja, solche Lebensgeschichten sind, von denen ich in dieser Form noch nirgendwo anders gehört hatte. Dass dieser Petr jemand ist, der auf der Stelle als Figur durch tschechische Bücher und Filme geistern könnte. Ein Typ eben, der den ganzen Abend in der Kneipe sitzt und nur Kaffee trinkt und lächelnd und in schönsten Reimen die Apokalypse beschreibt.

Auch wenn es keine aufgeschriebene Zeile und erst recht kein Buch mit den Reimen des Müllsortierers gibt, der im wahren Leben ein Dichter ist (oder umgekehrt), sollen Petr die Schlussworte gehören, ein kleines Gedicht über das Leben, das er für mich beim Holzhacken improvisiert hat:

Hast du kein bisschen Glück
Lass auch das Träumen zurück
Oh wie ist das Leben ohne Glück schwer
manchmal nur traurige Ironie, nicht mehr.

Nur manchmal in der Kneipe.

Eine Würdigung der tschechischen Gegenwartsliteratur und eine Handvoll Empfehlungen

Bei tschechischer Gegenwartsliteratur fällt mir als Erstes dieser treue Prager ein. Er ist kein Schriftsteller, sondern Verleger. Seinen Verlag hat er in den Neunzigern gegründet, seitdem macht er ein engagiertes und unabhängiges Programm. Als ich ihn vor einigen Jahren kennenlernte, da fielen mir zwei Dinge gleich auf: sein unendlicher Enthusiasmus und seine unendliche Müdigkeit. Tatsächlich arbeitete er nämlich nahezu rund um die Uhr. Traf man ihn auf einen Kaffee oder auf einen Wein, so war er gerade unterwegs aus dem Verlag und musste bald wieder zurück an den Schreibtisch.

Seine Wohnung benutzte er damals selten, er quartierte sich in einem winzigen Zimmer im Verlag unterm Dach ein und schlief dort jede Nacht wenige Stunden, um danach möglichst bald wieder Bücher zu machen. Ich habe ihn nicht ein einziges Mal klagen gehört über diesen Zustand, niemals konnte ich mir vorstellen, dass es überhaupt anders geht.

Um mit den äußeren Bedingungen anzufangen: So habe ich sie kennengelernt, die Protagonistinnen und Protagonisten der tschechischen Literatur. Leidenschaft und Pragmatismus, Entschlossenheit und Zeitplanung, damals wie heute brauchte und braucht es eine Menge Mut, um sich auf das Abenteuer des sogenannten freien Autorseins einzulassen.

Man muss es anders formulieren, im Prinzip existiert – von ganz wenigen Ausnahmen wie Genrebestsellern abgesehen oder Autorinnen und Autoren, die ihr Geld im Ausland verdienen – das Konzept der freien Schriftstellerei in Tschechien kaum in der in Deutschland verbreiteten Form, jedenfalls nicht so und ausschließlich.

Es gibt die Arbeit an einem Buch, das schon. Aber daneben reiht sich ein Job an den anderen – und mehr als einmal habe ich mich gefragt, wann und wie genau überhaupt noch Zeit bleibt zum Schreiben.

Deshalb gibt es ja so viele Kurzgeschichten aus der Kneipe, sagte mal ein Bekannter im Spaß zu mir, die sind schnell aufgeschrieben, und man verliert dabei nicht so viele Stunden. Tatsächlich ist dieser Aspekt nicht unwichtig: So wild und experimentell und voller Geschichten die Bücher auch sind, die Jahr für Jahr in Tschechien erscheinen – der Literaturbetrieb mit all seinen komfortablen Vorzügen, wie wir ihn aus Deutschland kennen, ist nach wie vor überschaubar, obwohl die Dinge so langsam in Bewegung kommen und sich nach und nach entwickeln. Aber dennoch, das Prinzip bezahlter Lesungen – in Deutschland letztlich eine nicht zu unterschätzende Einnahmequelle für Autorinnen und Autoren – ist vielerorts in Tschechien nach wie vor so noch nicht durchsetzbar, demgegenüber stehen aber sehr wohl Jahr für Jahr steigende Lebenshaltungskosten und Mieten, zumindest in Prag, zumindest in den Städten. Heißt also: Will man Schriftstellerin oder Schriftsteller sein, dann muss man es wollen, ja, man muss es sogar wirklich, wirklich wollen. So enorm pragmatisch diese Überlegungen zu den äußeren Bedingungen auch sein mögen:

Ich finde, sie gehören zu einer Würdigung der Literatur eines Landes, und zwar direkt an den Anfang. Weil man so auch die Leistungen derer a priori würdigt, die sich auf diese harten Bedingungen im Namen der Kunst einlassen.

Inhaltlich wäre es natürlich reizvoll, in einer beliebigen Straße einfach einen kurzen Schritt nach links oder rechts zu machen – um gleich in der nächsten Bierstube zu stehen und am Tresen zuzuhören. Aber auch, wenn die Geschichten im Vergleich zur deutschsprachigen Literatur wirklich immer noch häufiger in der Kneipe spielen: Das tschechische Erzählen ist mittlerweile überall beheimatet.

Natürlich sind bafelnde Einflüsse von Bohumil Hrabal ebenso wenig zu leugnen wie Referenzen an den überbordenden Irrsinn und den schwarzen Humor eines Jaroslav Hašek – aber auch die jüngere Literaturgeschichte hat ihre Spuren hinterlassen: Die Texte des Underground, der vor 1989 gegen das Regime aufbegehrte und dessen Protagonisten gegen die kommunistischen Machthaber anschrieben.

In Deutschland nahezu unbekannt ist beispielsweise eine frühe Vertreterin des literarischen Underground in der Tschechoslowakei: Jana Černá (1928–1981), die Tochter der Kafka-Vertrauten Milena Jesenská, mystifizierte ihr Leben und Schreiben, stilisierte sich selbst als Femme fatale der Literatur und lebte ein ganz und gar unkonventionelles Leben. Im stalinistischen Totalitarismus der Nachkriegszeit wurde sie in den Fünfzigern an der Seite des ebenfalls legendären Egon Bondy zu einer prägenden Figur der literarischen Untergrundbewegung, schrieb erotische und radikale Texte und brach nahezu ständig sämtliche Konventionen.

Aus den späteren Jahrzehnten sind es sicherlich Elemente wie die Havel'sche Absurdität im Theater einerseits, politische Satiren wie der Roman »Die Meerschweinchen« des 2015 verstorbenen Ludvík Vaculík andererseits, die bis heute die Gegenwartsliteratur beeinflussen.

Als Inspiration dienen aber auch die verschwenderischen Texte des früh verstorbenen Musikers Filip Topol, der ja nicht nur am Klavier seine Poesie vertonte, sondern auch Erzählungen schrieb, die zwischen vollkommenem Rausch und schlimmstmöglichem Kater changierten.

So differenziert die Vorgängergeneration war, so unterschiedlich sind auch die Bücher derer, die im Augenblick den Ton angeben in der tschechischen Gegenwartsliteratur. Einer der wichtigsten Schriftsteller ist sicherlich nach wie vor Jáchym Topol – zeitlich zwei einschneidende und wesentliche Epochen in seinem Werk miteinander verbindend: Der 1962 in Prag geborene Autor bekam die Repressionen des kommunistischen Systems am eigenen Leib zu spüren, musste in harten Brotberufen arbeiten und wurde schon in den Siebzigern Teil des Underground – wo er Texte für die Band »Psí Vojáci« schrieb, übrigens die Musikgruppe seines schon erwähnten Bruders Filip Topol, und 1985 das legendäre Magazin »Revolver Revue« gründete. Zu seinen bekanntesten Büchern in Deutschland zählt sein großer Roman »Die Schwester«, in deutscher Übersetzung veröffentlicht im Jahr 1998. Neben seiner Tätigkeit als Journalist, und da schließt sich ein Kreis, wurde er später Programmdirektor der Prager Václav-Havel-Bibliothek – zusammen mit Havel hatte Topol Jahrzehnte zuvor die »Charta 77« unterzeichnet.

Eines meiner persönlichen ewigen Lieblingsbücher stammt indes von Emil Hakl, Jahrgang 1958: In »Treffpunkt Pinguinhaus« berichtet der Protagonist von einer schlichten wie zärtlichen Begegnung mit seinem Vater, der nebenbei im Prager Zoo arbeitet. Sie sind verabredet und spazieren durch die Stadt, ziehen vom Restaurant in die Kneipe und von der Kneipe routiniert in die nächste Kneipe, sie diskutieren über Gott und die Welt, landen im einen Augenblick in der Vergangenheit, um sich im nächsten Moment ganz gegenwärtig und wie ein altes Ehepaar zu zanken. Die Warmherzigkeit und die originellen Einfälle sind es – man kann sich auf einen Wirt in Damenunterwäsche freuen, die er nur trägt, weil sie so bequem zu tragen ist –, die diesen schmalen Band zu einer meiner Lieblingslektüren machen – zumal man natürlich wie nebenbei einen Prager Stadtspaziergang bekommt, wie man ihn wohl sonst kaum finde.

In Sachen Originalität steht Tereza Semotamová dem in nichts nach: Die 1983 geborene Übersetzerin und Autorin legt mit »Im Schrank« ihr Debüt vor, die Geschichte einer jungen Frau, die alles verliert und nach ihrem Platz im Leben sucht – und ihn schließlich findet, indem sie vorläufig in einen Schrank in einem Prager Hinterhof zieht. Eine Idee, die sich nach und nach als immer komplizierter erweist. Aber wie wollen wir denn sonst leben, wenn wir ohnehin nur noch auf Provisorien eingestellt sind? Während der Arbeit und in der Liebe sowieso? Der Roman vereint auf ganz besondere Weise beides: Auf der einen Seite die spürbar tschechische Tradition, wo die Einfälle sich überschlagen und Humor unbedingte Voraussetzung ist, auf der anderen Seite zeitgenössische und geographisch unabhängige Diskurse über das Leiden und Überleben junger Großstädter in nervösen und verunsichernden Zeiten.

Keine Frage, ich muss in Kauf nehmen, dass es jetzt unlauter wird, schließlich rede ich hier von einem engen Freund: Natürlich liegen mir die Bücher von Jaroslav Rudiš, geboren 1970, am Herzen: Er ist der vielleicht erfolgreichste Schriftsteller seiner Generation, weil es ihm in all seinen Büchern gelingt, mitunter schwere Geschichte und schwer erträgliche Geschichten auf so unterhaltsame Weise darzustellen, dass man dem Charme dieser Prosa nicht widerstehen kann. Außerdem hat er gemeinsam mit dem Musiker und Comiczeichner Jaromír 99 den Bahnhofswärter Alois Nebel erfunden. Die Verfilmung des ursprünglich als Graphic Novel erschienenen Stoffs gewann nicht nur unterschiedlichste Preise, sondern machte diesen Alois Nebel zu einer tschechischen Kultfigur: Ein schweigsamer und an sich freundlicher Bahnwärter, der während der »Samtenen Revolution« an seinem kleinen Provinzbahnhof plötzlich von den Gespenstern der Geschichte eingeholt wird, der auf einen Schlag nicht mehr weiß, wie er mit dem Nebel umgehen soll, der tief in den eigenen Erinnerungen hängt und einfach nicht mehr verschwinden will.

Mit seiner kraftvollen Sprache begeistert hat mich auch ein

Autor wie Marek Šindelka, Jahrgang 1984, der in Tschechien mittlerweile zu den etablierten Schriftstellern der jungen Generation gehört und von dem nach und nach auch Bücher ins Deutsche übersetzt werden, beispielsweise sein Debütroman »Der Fehler«, in seinem Heimatland erschienen im Jahr 2008.

Natürlich könnte und müsste ich diese Liste jetzt noch viel weiter fortsetzen, natürlich könnten und müssten dort auch noch viel mehr Autorinnen stehen, beispielsweise Radka Denemarková, Petra Hůlová, Bianca Bellová, oder Kateřina Tučková, allesamt mit Büchern, die ins Deutsche übersetzt wurden, natürlich birgt der Versuch einer kurzen Würdigung immer die Gefahr, viele Schriftstellerinnen und Schriftsteller zu vergessen – deshalb bleibt es an dieser Stelle bei einer Handvoll Empfehlungen, Anstößen zum Anschauen, Anregungen zum Weiterlesen.

Neben ganz neuer Literatur sind da natürlich auch solche Bücher, die nach langer Zeit erst entdeckt und ins Deutsche übertragen werden – gerade für die tschechisch-deutsche Perspektive gibt es kaum eine wunderbarere Einstiegslektüre als »Unerkannt durch Deutschland« von Jaroslav Durych, einem Schriftsteller und Militärarzt, der 1925 zu einer Eisenbahnfahrt in Richtung Deutschland aufbricht – und sich dabei ständig auf unglaublich komische Art in Auseinandersetzung mit gängigen Klischees begibt. Da beschreibt er zum Beispiel geradezu seitenweise und mit viel sarkastischem Genuss eine Gruppe im Zugabteil, die für ihn den Inbegriff deutscher Strenge und Humorlosigkeit darstellt – und die sich beim Aussteigen natürlich als tschechische Familie erweist. Ein Buch, das unbedingt zur Gegenwart gehört – auch wenn es auf dem Papier schon wesentlich länger existiert.

Eine Empfehlung habe ich mir nun aufgehoben bis zum Schluss.

Ein Autor, von dem ich finde, dass man ihn wirklich gelesen haben muss, wenn man sich mit tschechischer Literatur auseinandersetzt: Petr Hruška, geboren 1964, ein in der rauen Bergbaustadt Ostrava aufgewachsener Dichter, ein im Schreiben wie im Leben sanfter Mensch, der sich in seinen Gedichten an der Düsternis und an der Härte unseres Existierens abarbeitet. Verzankte Küchentischszenen, Verzweiflungen am Ufer der schmuddeligsten Kneipen, Verliebtheiten, wo man nicht mehr mit ihnen rechnet.

Im Grunde ist das, was Petr Hruška mit seinem Schreiben betreibt, nicht nur von furchtbar schnörkelloser Schönheit, Wahrheit und Aufrichtigkeit, im Grunde steckt fast alles darin, was ich der tschechischen Literatur der Gegenwart an Attributen zuschreiben würde.

Man muss noch nicht mal eine besondere Affinität zur Form des Gedichts haben, um diese Balladen der Vergeblichkeit mit einer Spur von Hoffnung zu lieben. Eines der Gedichte hat den Titel »Das Gebell«, ein zarter wie melancholischer Schlusspunkt, dessen Geschichte doch letztlich wieder in die Kneipe führt:

Mutter schaut zu,
ihr Sohn imitiert schon wieder Retriever.
Er siebenundzwanzig,
sie fünfundvierzig,
beide im Leben bis über die Ohren.
Sie versuchten einiges,
meist über Anzeigen und Ärzte.

Beide vermutlich gläubig.
Beide Dauergäste in der Stampe,
wirklich wie ein Schlag
der Schönheit.
Der Sohn vom Tisch gestützt,
die Mutter hört reglos zu,
wie weit schallt denn
das Retrievergebell.[55]

SIEBTES BIER

Die Seele von Prag. Ein zweckloser Abschiedsversuch

Habe ich es Ihnen nicht gesagt? Der Laden ist vielleicht auf den ersten Blick nicht sonderlich charmant, aber wir sitzen hier trotzdem in einer ordentlichen tschechischen Kneipe. Und Sie sind immer noch da! Hat Ihnen etwa jemand gesteckt, dass Sie das Bier nicht selbst zahlen müssen? Danach ist aber Schluss, das siebte Bier ist unser letztes, dann muss ich los, tut mir leid. Aber das vorab, ich bin stolz auf Sie! Sie haben eine ganze Seelenkunde lang durchgehalten, während unsere Nachbargruppe schon nach zwei kleinen Bieren genug hatte von ihrem Altstädter Stammtisch. Also, stoßen Sie mit mir an? Auf Ihr Wohl!

Glauben Sie mir eines: Diese letzte Geschichte hier, die fällt mir schwer. Richtig schwer. Und doch muss ich sie Ihnen erzählen, bevor Sie gehen können. Bevor ich gehen muss. Schauen Sie nicht so skeptisch: Sechs Biere lang sind Sie meiner Seelenkunde gefolgt, Sie wissen jetzt, welche Autorinnen und Autoren Sie lesen können, wenn Sie möchten, Sie wissen jetzt, warum das Leben ein Hund ist, weshalb es sich lohnt, eine ganze Nacht auf Kafka zu warten, wieso Herr Blumfeld von Zimmern der Geborgenheit träumt und so weiter. Sie können die tückische Prager Einsamkeit bekämpfen und die bittersüße Prager Melancholie lieben, den köstlichen Prager Überschwang genießen, im Grunde sind

Sie so weit, im Grunde müssen Sie gar nicht mehr nach Hause fahren, sondern können einfach sitzen bleiben für das achte, für das neunte, für das zehnte Bier. Bis morgen, bis übermorgen, bis nächstes Jahr. Nur ich werde Sie jetzt gleich verlassen müssen.

Jetzt schauen Sie nicht so erschrocken, ich weiß, dafür bin ich Ihnen eine Erklärung schuldig, und sollte dabei meine Stimme stocken, sollten mir die Augen tränen und sollte ich um eine Pause und einen Schnaps bitten, dann hat das nichts mit Sentimentalitäten zu tun, dann ist das die zugige Luft, wissen Sie. Ach, lassen Sie uns nochmals anstoßen, Sie sind mir ja doch rasch ans Herz gewachsen.

Es war gestern, da klingelte es an meiner Wohnungstür. Der Gewohnheit folgend machte ich mir gar nicht die Mühe, zur Gegensprechanlage zu gehen, meist war es nur Werbung, oder es führte jemand eine Umfrage durch, zu der ich nichts beizutragen hatte, dafür reichte mein bescheidenes Tschechisch einfach nicht aus. Oftmals blieb es bei einem kurzen Versuch, und ich hatte wieder meine Ruhe. Doch diesmal wurde hartnäckig geklingelt. Plötzlich meinte ich, der Art des Klingelns gar eine gewisse Dringlichkeit zu entnehmen, also stand ich auf und nahm den Hörer ab: Herr Becker, hörte ich es freundlich schnarren, Herr Becker, öffnen Sie mir bitte die Tür. Worum geht es, fragte ich den Herrn, natürlich verwundert, dass ich in meiner Sprache angesprochen wurde, wie kann ich Ihnen helfen? Das möchte ich mit Ihnen persönlich besprechen, werter Herr Becker, öffnen Sie mir bitte die Tür. Nein, sagte ich, der ich eine schlechte Nachricht vermutete, einen eiskalten Hinterhalt, eine Strafe für etwas Böses, das ich nie getan hatte, nein, die Tür bleibt zu. Ich wollte schon auflegen, doch die Stimme des Herrn wurde vehement: Machen Sie auf der Stelle die verdammte Tür auf, Herr Becker! Ich komme wegen eines Auftrags! Und gleich stellte ich keine Fragen mehr, sondern betätigte den Türöffner. Es summte. Konnte das denn wahr sein? Sollte es jetzt wirklich passieren? Ich hörte das Klappen der Haustür, ich hörte den Aufzug von oben nach unten und von unten nach oben fahren, ich hörte die Schritte, und dann klopfte es zaghaft. Ich öffnete die Tür einen Spaltbreit, der alte und äußerst gepflegte Herr mit Schnauzbart und Hut war außer Atem, obwohl er mit dem Fahrstuhl gekommen war. Seien Sie mir bitte nicht böse, verzeihen Sie mir, wisperte er, ich wollte nicht so fluchen, das ist gar nicht meine Art. Nur ist die Angelegenheit dringlich und pikant. Was möchten Sie denn von mir, fragte ich, mein Gast ging nicht auf meine Frage ein, sondern flüsterte nur: Cimrman mein Name, ich komme von der »Organisation zur Pflege und Entwicklung der tschechischen Seele«.

Kurze Zeit später hatte ich Herrn Cimrman seinen Mantel abgenommen, nachdem er mir lang und verbindlich die Hand geschüttelt hatte, sein Namensschild aus Messing hatte er nicht abgelegt – den angebotenen Kaffee nahm er dankbar an, stand jetzt stumm und nachdenklich am Fenster und sah über den Innenhof. Ich traute mich nicht, den ersten Schritt zu machen – um nicht untätig zu sein, spülte ich Geschirr, doch mit jedem abgewaschenen Teller und Löffel und mit jeder geschwiegenen Sekunde wurde meine Gewissheit des Scheiterns größer. Die »Organisation« würde mich verjagen, sie würde mir den Prozess machen und das gesamte Geld zurückverlangen, mir die Miete in Rechnung stellen und mir mit giftigen Worten die Zusammenarbeit aufkündigen. Ich wurde fast wahnsinnig, doch dann nahm

Cimrman seinen Hut ab, legte ihn auf mein Sofa, seufzte laut und begann mit fester Stimme zu sprechen, den Blick immer noch auf den Hof gerichtet: Wissen Sie, wie wir Sie intern nannten, Herr Becker? Nein, Herr Cimrman.

007, sagte er lauter als nötig, so wichtig waren Sie für uns, wir nannten Sie 007! Im Ernst, fragte ich leise und nunmehr komplett verunsichert, ich trippelte einige Schritte auf den Herrn von der »Organisation« zu, Angriff schien mir jetzt die beste Verteidigung zu sein. Doch zu spät, Cimrman fuhr herum, sah mich mit starrem Blick an, machte einen Schritt in den Raum hinein – und ließ sich lauthals lachend auf das Sofa fallen. Ach, Mensch, rief er, und schon liefen ihm die Tränen übers Gesicht, ach Mensch, Sie glauben aber auch alles! 007! Ich atmete erleichtert aus. 007, rief Cimrman wie unter Qualen, dann beruhigte er sich und sagte mit seinem charmanten Akzent: Setzen Sie sich, nun setzen Sie sich doch neben mich. Ich tat, was er sagte, aus dem Gröbsten war ich jetzt raus. Cimrman schaute mich an, ganz entspannt klopfte er mir während seiner folgenden Worte immer wieder ermunternd auf die Schulter und gab sich freundschaftlich:

Das Jahr ist um, sagte er, das ging schnell, nicht wahr? Um es Ihnen vorab zu sagen: Das haben Sie ordentlich gemacht. Etliche Aufgaben haben Sie bewältigt, manchmal sogar ohne es selbst zu wissen. Im Namen der »Organisation« danke ich Ihnen also von Herzen für die freiwillige Teilnahme. Schauen Sie, hier ist ein Flugticket, Sie werden mit dem letzten Flugzeug am morgigen Tag abreisen. Natürlich sind Sie alsbald wieder herzlich willkommen, auf eigene Faust, aber dieser Abschied von Prag gehört zu unserem Seelenkundeprogramm nun mal dazu. Nochmals also im Namen von uns allen den allerherzlichsten Dank. Haben Sie noch Fragen, Anregungen oder Wünsche?

Ich war völlig verdutzt, ich wusste überhaupt nicht, wohin mit meinen Gefühlen, ich hatte natürlich gewusst, dass ein Jahr nur ein Jahr ist, aber was war in diesem Jahr alles geschehen? Und sollte das wirklich alles gewesen sein? Ich danke Ihnen auch, brachte ich nur stotternd hervor, ich danke Ihnen auch. Aber was wird denn jetzt aus meinen Resultaten, fragte ich.

Junger Mann, rief Cimrman und schlug mir kräftig auf die Schulter, junger Mann, Sie denken mit, das hätte ich ja jetzt fast ganz vergessen! Deswegen bin ich ja auch da! Morgen werden Sie Ihre Ergebnisse einem ausgewählten Fachpublikum vorstellen. Ihre persönliche Seelenkunde. Natürlich in der Kneipe. Hier, sagte Cimrman und reichte mir einen Zettel mit der Adresse des Lokals – ich erkannte seine Handschrift wieder, alle Aufträge hatten mich so erreicht. Der kleine Saal ist für Sie und Ihre Gäste reserviert. Wenn Sie am Nachmittag beginnen, dann haben Sie mindestens sieben Biere Zeit dafür. Reden Sie nicht zu kurz! Halten Sie sich nicht zurück! Denken Sie daran, was Sie dort vortragen im Rahmen Ihrer »Seelenkunde«, das wird von Ihrem bewegten Jahr in der Welt bleiben! Und nehmen Sie Ihren Koffer bestenfalls gleich mit, sonst verpassen Sie das Flugzeug!

Mit diesen Worten nahm Cimrman seinen Hut, setzte ihn auf, lächelte mir zu, zog seinen Mantel an und ging zur Tür. Ich muss leider los, Sie wissen, die Termine, die Termine. Kein Problem, sagte ich, ich habe ja jetzt auch zu tun. Mein Lieber, sagte Cimrman und umarmte mich plötzlich, passen Sie auf sich auf.

Sie aber auch, mein Lieber, sagte ich. Nur eine Sache noch! Bitte, sagte Cimrman, der schon mit einem Bein im Aufzug stand, gibt es eigentlich noch jemanden außer mir, der sich für die »Organisation« mit der tschechischen Seele beschäftigt? Noch jemanden, sagte Cimrman fröhlich, bevor er sich umdrehte und im Aufzug verschwand, noch jemanden, wiederholte er, als sich die Türen schon schlossen, es sind Hunderte, rief er aus dem fahrenden Aufzug, es sind Tausende!

So stehe ich jetzt also vor Ihnen. Nun wissen Sie also alles von mir. Mein Koffer steht beim Wirt. Gleich muss ich los. Stoßen Sie für den letzten Schluck mit mir an? Auf Sie. Auf Prag. Auf uns. Prost. Na zdraví. Jetzt geht es also ans Abschiednehmen, aber wie zwecklos wird das alles sein? Ein Taxi bringt mich gleich zum Flughafen, ich schaue aus dem Fenster und beneide alle, die nicht in einem solchen Fahrzeug fort von hier sitzen. Auch im Auto zieht es durch die schlecht schließenden Scheiben, auch dort tränen mir die Augen, nicht, dass noch eine Erkältung daraus wird.

Irgendwann liegt die Peripherie dann hinter mir, und ich denke an Prag wie an einen Menschen. Da kennt man sich schon jahrelang, und dann passiert, was sich nicht mehr verhindern lässt, da verliert man sein Herz, schaut man einander auf die Seele, wird aus einer Seelenerklärung eine Liebeserklärung, gibt es keinen Weg zurück mehr. Prag lässt nicht los, schreibt wer anders, das Mütterchen hat Krallen, und je näher ich dem Abschied komme, desto mehr rückt mir der Satz auf die Pelle. Jetzt kommen schon die weißen Leuchtbuchstaben, der Airport ist nach Václav Havel benannt, Wahrheit und Liebe, Lüge und Hass, man weiß manchmal einfach nicht, wer siegen wird, ich gebe dem Fahrer meine allerletzten Kronen als Trinkgeld, alles sträubt sich gegen diesen Abflug, aber dann sitze ich im Flugzeug, dann schnalle ich mich an, dann schließe ich die Augen und beschwöre die alten Geister, magisches Prag, wenn du wirklich zaubern kannst, dann lässt du mich jetzt nicht gehen, dann hältst du mich fest, was für ein Kitsch, was für ein furchtbarer Kitsch, denn natürlich starten wir jetzt, und niemand hält mich fest, draußen ist Nacht, wir heben ab, wir lassen Prag rasch hinter uns zurück, steigen immer höher und höher, unter uns liegen die Flüsse und Berge, und aus dem winzigen Fenster schaue ich auf die Lichter der verschwindend kleinen Städte und Dörfer, es sieht so aus, als leuchteten sie mir feierlich zum Abschied, ganz beseelt, als warteten sie ab jetzt auf mich.

Schnaps zum Schluss.

Literaturverzeichnis

Die in diesem Buch genannten Titel sind in deutscher Übersetzung erschienen – zwar manchmal im Buchhandel vergriffen, aber allesamt antiquarisch zu bekommen. Na zdraví!

Jaroslav Durych: Unerkannt durch Deutschland. Aus dem Tschechischen und mit einem Nachwort von Birgit Krehl. Quintus Verlag, 2017.

Emil Hakl: Treffpunkt Pinguinhaus: Spaziergänge mit dem Vater. Aus dem Tschechischen von Mirko Kraetsch. Braumüller Literaturverlag, 2010.

Jaroslav Hašek: Die Abenteuer des guten Soldaten Švejk im Weltkrieg. Aus dem Tschechischen von Antonín Brousek. Mit einem Nachwort von Jaroslav Rudiš. Reclam Verlag, 2014.

Václav Havel: Fernverhör. Ein Gespräch mit Karel Hvížďala. Aus dem Tschechischen von Joachim Bruss. Rowohlt Verlag, 1990.

Václav Havel: Das Gartenfest, Die Benachrichtigung. Zwei Dramen, Essays, Antikoden. Aus dem Tschechischen von August Scholtis. Eva Berkmann und Franz Peter Künzel. Rowohlt Verlag, 1989.

Václav Havel: Vaněk-Trilogie (Audienz, Vernissage, Protest) / Versuchung / Sanierung. Theaterstücke. Mit einem Vorwort von Marketa Goetz-Stankiewicz. Aus dem Tschechischen von Gabriel Laub und Joachim Bruss. Rowohlt Verlag, 1989.

Václav Havel: Fassen Sie sich bitte kurz: Gedanken und Erinnerungen zu Fragen von Karel Hvížďala. Aus dem Tschechischen von Joachim Bruss. Rowohlt Verlag, 2007.

Bohumil Hrabal: Ich dachte an die goldenen Zeiten. Aus dem Tschechischen von Susanna Roth. Suhrkamp Verlag, 1999.

Bohumil Hrabal: Schneeglöckchenfeste. Aus dem Tschechischen von Petr Šimon. Suhrkamp Verlag, 1981.
Bohumil Hrabal: Leben ohne Smoking. Aus dem Tschechischen von Karl-Heinz Jähn. Suhrkamp Verlag, 1995.
Bohumil Hrabal: Allzu laute Einsamkeit. Aus dem Tschechischen von Peter Sacher, Suhrkamp Verlag, 1997.
Bohumil Hrabal: Die Bafler. Aus dem Tschechischen von Peter Künzel. Suhrkamp Verlag, 1997.
Petr Hruška: Gedichte. Aus dem Tschechischen von Martina Lisa. edition AZUR, 2019.
Milan Kundera: Die unerträgliche Leichtigkeit des Seins. Aus dem Tschechischen von Susanna Roth. S. Fischer Verlag, 1988.
Gustav Meyrink: Der Golem. Deutscher Taschenbuch Verlag, 2012.
Božena Němcová: Großmutter. Bilder aus dem ländlichen Leben. Aus dem Tschechischen von Josef Mühlberger. Deutscher Taschenbuch Verlag, 2005.
Božena Němcová: Durch diese Nacht sehe ich keinen einzigen Stern. Drei Brief-Entwürfe. Aus dem Tschechischen übersetzt und mit einem Nachwort von Susanna Roth. Friedenauer Presse, 1997.
Božena Němcová: Das goldene Spinnrad und andere Märchen. Aus dem Tschechischen von Günther Jarosch. Gustav Kiepenheuer Verlag, 1981.
Jan Neruda: Kleinseitner Geschichten. Aus dem Tschechischen von Franz Jurenka. Vitalis Verlag, 2005.
Ota Pavel: Wie ich den Fischen begegnete. Aus dem Tschechischen von Elisabeth Borchardt. Phileas Verlag, 2005.
Ota Pavel: Der Tod der schönen Rehböcke. Aus dem Tschechischen von Elisabeth Borchardt. Edition Büchergilde, 2007.
Leo Perutz: Nachts unter der steinernen Brücke. Deutscher Taschenbuch Verlag, 2012.
Lenka Reinerová: Das Traumcafé einer Pragerin. Aufbau Verlag, 1996.
Lenka Reinerová: Alle Farben der Sonne und der Nacht. Aufbau Verlag, 2004.
Lenka Reinerová: Es begann in der Melantrichgasse: Erinnerungen an Weiskopf, Kisch, Uhse und die Seghers. Aufbau Verlag, 2006.
Lenka Reinerová: Närrisches Prag. Ein Bekenntnis. Aufbau Verlag, 2005.

Joseph Roth: Heimweh nach Prag. Wallstein Verlag, 2012.
Jaroslav Rudiš. Jaromír 99: Alois Nebel. Aus dem Tschechischen von Eva Profousová. Voland&Quist, 2012.
Tereza Semotamová: Im Schrank. Aus dem Tschechischen von Martina Lisa. Voland&Quist, 2019.
Marek Šindelka: Der Fehler. Aus dem Tschechischen von Doris Kouba. Residenz Verlag, 2018.
Johannes Urzidil: Die verlorene Geliebte. LangenMüller Verlag, 1996.
Ludvík Vaculík: Die Meerschweinchen. Aus dem Tschechischen von Alexandra und Gerhard Baumrucker. Diaphanes, 2011.

Martin Becker/Martina Lisa: Die letzte Metro. Junge Literatur aus Tschechien. Aus dem Tschechischen von Martina Lisa. Voland&Quist, 2017.
Květoslav Chvatík (Hrsg.): Die Prager Moderne. Erzählungen, Gedichte, Manifeste. Mit einem Nachwort von Milan Kundera. Suhrkamp Verlag, 1991.
Alfrun Kliems: Der Underground, die Wende und die Stadt: Poetiken des Urbanen in Ostmitteleuropa. Transcript Verlag, 2015.
Angelo Maria Ripellino: Magisches Prag. Aus dem Italienischen übersetzt von Pavel Petr. Wunderlich Verlag, 1982.
Gertraude Zand: Totaler Realismus und peinliche Poesie: tschechische Untergrund-Literatur 1948–1953. Peter Lang Verlag, 1998.
Monika Zgustová: Bohumil Hrabal. Leben und Werk. Aus dem Tschechischen von Johanna Posset. Suhrkamp Verlag, 2001.

Anmerkungen

1 Chvatík, Květoslav (Hrsg.): Die Prager Moderne. Erzählungen, Gedichte, Manifeste. Mit einem Nachwort von Milan Kundera. Suhrkamp Verlag, 1991, S. 10.
2 Ebd., S. 11.
3 Ebd., S. 13.
4 Božena Němcová: Das goldene Spinnrad und andere Märchen. Aus dem Tschechischen von Günther Jarosch. Gustav Kiepenheuer Verlag, 1981, S. 393.
5 Ebd., S. 406.
6 Božena Němcová: Durch diese Nacht sehe ich keinen einzigen Stern. Drei Brief-Entwürfe. Aus dem Tschechischen übersetzt und mit einem Nachwort von Susanna Roth. Friedenauer Presse, 1997. S. 2.
7 Božena Němcová: Das goldene Spinnrad und andere Märchen. Aus dem Tschechischen von Günther Jarosch. Gustav Kiepenheuer Verlag, 1981, S. 394.
8 Ebd., S. 388.
9 Ebd., S. 388.
10 Ebd., S. 391.
11 Ebd., S. 400.
12 Božena Němcová: Großmutter. Bilder aus dem ländlichen Leben. Aus dem Tschechischen von Josef Mühlberger. Deutscher Taschenbuch Verlag, 1981, S. 234.
13 Božena Němcová: Durch diese Nacht sehe ich keinen einzigen Stern. Drei Brief-Entwürfe. Aus dem Tschechischen übersetzt und mit einem Nachwort von Susanna Roth. Friedenauer Presse, 1997, S. 23.

14 Monika Zgustová: Bohumil Hrabal. Leben und Werk. Aus dem Tschechischen von Johanna Posset. Suhrkamp Verlag, 2001, S. 67.
15 Ebd., S. 56.
16 Bohumil Hrabal: Ich dachte an die goldenen Zeiten. Aus dem Tschechischen von Susanna Roth. Suhrkamp Verlag, 1999, S. 7.
17 Ebd., S. 198 f.
18 Bohumil Hrabal: Leben ohne Smoking. Aus dem Tschechischen von Karl-Heinz Jähn. Suhrkamp Verlag, 1995, S. 39.
19 Ebd., S. 128.
20 Ebd., S. 125.
21 Bohumil Hrabal: Schneeglöckchenfeste. Aus dem Tschechischen von Petr Šimon. Suhrkamp Verlag, 1981, S. 10.
22 Monika Zgustová: Bohumil Hrabal. Leben und Werk. Aus dem Tschechischen von Johanna Posset. Suhrkamp Verlag, 2001, S. 233.
23 Bohumil Hrabal: Leben ohne Smoking. Aus dem Tschechischen von Karl-Heinz Jähn. Suhrkamp Verlag, 1995, S. 77.
24 Ebd., S. 92.
25 Ebd., S. 48.
26 Jaroslav Hašek: Die Abenteuer des guten Soldaten Švejk im Weltkrieg. Aus dem Tschechischen von Antonín Brousek. Reclam Verlag, 2014, S. 962.
27 Ebd., S. 64 f.
28 Ebd., S. 73.
29 Ebd., S. 993.
30 Ebd., S. 994.
31 Karel Čapek: Der Krieg mit den Molchen. Aus dem Tschechischen von Eliška Glaserová, durchgesehen und überarbeitet von Mirek Ort. Wilhelm Heyne Verlag, 1985, S. 274 f.
32 Ebd., S. 285 f.
33 Ludvík Vaculík: Die Meerschweinchen. Aus dem Tschechischen von Alexandra und Gerhard Baumrucker. Diaphanes, 2011, S. 50.
34 Ebd., S. 148.
35 Karel Čapek: Der Krieg mit den Molchen. Aus dem Tschechischen von Eliška Glaserová, durchgesehen und überarbeitet von Mirek Ort. Wilhelm Heyne Verlag, 1985, S. 280.

36 Gustav Meyrink: Der Golem. dtv, 2012, S. 28.
37 Joseph Roth: Heimweh nach Prag. Wallstein Verlag, 2012, S. 274.
38 Ebd., S. 276.
39 Aus: »The Franz Kafka Videogame«, Computerspiel, entwickelt von Denis Galanin, veröffentlicht bei Daedalic Entertainment, 2017.
40 Lenka Reinerová: Das Traumcafé einer Pragerin. Aufbau Verlag, 1996, S. 14.
41 Lenka Reinerová: Alle Farben der Sonne und der Nacht. Aufbau Verlag, 2004, S. 15.
42 Lenka Reinerová: Es begann in der Melantrichgasse: Erinnerungen an Weiskopf, Kisch, Uhse und die Seghers. Aufbau Verlag, 2006, S. 79.
43 Lenka Reinerová: Närrisches Prag. Ein Bekenntnis. Aufbau Verlag, 2005, S. 12.
44 Ebd., S. 82.
45 Lenka Reinerová: Das Traumcafé einer Pragerin. Aufbau Verlag, 1996, S. 18.
46 Lenka Reinerová: Närrisches Prag. Ein Bekenntnis. Aufbau Verlag, 2005, S. 156.
47 Václav Havel: Fernverhör. Ein Gespräch mit Karel Hvížďala. Aus dem Tschechischen von Joachim Bruss. Rowohlt Verlag, 1990, S. 220.
48 Václav Havel: Das Gartenfest, Die Benachrichtigung. Zwei Dramen, Essays, Antikoden. Aus dem Tschechischen von August Scholtis. Eva Berkmann und Franz Peter Künzel. Rowohlt Verlag, 1989, S. 78.
49 Václav Havel: Vaněk-Trilogie (Audienz, Vernissage, Protest) / Versuchung / Sanierung. Theaterstücke. Aus dem Tschechischen von Gabriel Laub und Joachim Bruss. Rowohlt Verlag, 1989, S. 12.
50 Ebd., S. 11.
51 Ota Pavel: Wie ich den Fischen begegnete. Aus dem Tschechischen von Elisabeth Borchardt. Phileas Verlag, 2005, S. 146.
52 Ebd., S. 63.
53 Ebd., S. 5.
54 Milan Kundera: Die unerträgliche Leichtigkeit des Seins. Aus dem Tschechischen von Susanna Roth. S. Fischer Verlag, 1987, S. 10.
55 Petr Hruška: »Das Gebell«, aus: Irgendwohin nach Haus. Aus dem Tschechischen von Martina Lisa. edition AZUR, 2019.

Dieses Buch ist auch als E-Book erhältlich.

MIX
Papier aus verantwortungsvollen Quellen
FSC® C083411

Verlagsgruppe Random House FSC® N001967

1. Auflage

in der Verlagsgruppe Random House GmbH,
Neumarkter Straße 28, 81673 München
Umschlaggestaltung: buxdesign | Daniela Hofner
unter Verwendung eines Motivs von © plainpicture /
Stock 4B / Felbert & Eickenberg
Satz: Greiner & Reichel, Köln
Druck und Bindung: CPI books GmbH, Leck
 Printed in the Czech Republic
ISBN 978-3-630-87576-7

www.luchterhand-literaturverlag.de
www.facebook.com/luchterhandverlag
www.twitter.com/luchterhandlit